認知症 なぜ なぜならば

親のため
自分のために
介護の現場から

新谷冨士雄 + 新谷弘子 著

ドメス出版

はじめに

人生100歳を生きる知恵

　世の中はずいぶん長生きの時代になりました。私たちは「元気で長生き」をモットーとして邁進してきましたが、蓋をあけてみると「病気で長生き！」が現実です。この「長生き」に対して、今の「医療」はほとんど無力？　……そこで「介護保険制度」のお出ましとなって20年！　ここで解説するまでもなく、長生きに伴う諸問題は皆さま方の日常に迫っていると思われます。問題の対象は、お爺さま・お婆さま？　いやお父様・お母様？　ひょっとしてあなたご自身の問題でしょうか？　介護保険制度の開始から20年ですから、筆者たちはたいていの問題についての経験と解決の試練を受けて参りました。

人へのサービス

　何事についてもそうですが、「人へのサービス」については、まず「安全の確認」ほど大事なことはありません。私どもが社会福祉法人パール・特別養護老人ホーム「パール代官山」、「福祉総合プラザ」を開設したのは1999（平成11）年。翌2000年には介護保険制度施行による運営を始めました。以後、知恵と技術を絞って老人介護の道を歩んで参りました。物事を進めるために必要かつ大事なことは「ヒト・モノ・カネ」と言われますが、私どもは、サービスの質向上のためには「ヒト」ほど大事な要素はないと信じます。つまり、福祉に携わる職員の資質と技量を高めることです。

パールの歴史

　パールの歴史は「社会福祉活動教育研究所」（以後、社活研）が1977年に発足以来40年余にさかのぼります。施設活動は始めて20年にすぎません。そこで、新しい職員たちとともに、サービスに伴うさまざまな経験・心得・解決法を手探りで努力して参りました。その一環として、「安全管理」の講話を毎週1回続けてきました。他の企業や施設では「危機管理」という言葉を使うようですが、私どもは、あえて「安全管理」と名づけています。なぜなら「安全

管理」は「危機管理」をも含むからです。さらに、「安全」は「失敗を起こさない実技」だけでなく、広い教養に裏打ちされた、その人の資質によって確保されるものと確信するからです。つまり、講話の内容は「安全訓戒」のみならず、「一般教養」にも及ぶべき、と思うのです。一般教養は、大学教養課程でいう、「リベラル・アーツ；Liberal Arts」に相当します。よってリベラル・アーツこそが、本質を見抜く鋭い感性となって、人が育つと考えるのです。

一般教養（リベラル・アーツ）

　早くから専門職の勉学に励むと、「一般教養」がおろそかになりがちです。若い頃に得られる一般教養は社会生活を送るうえで終身役立つものです。専門教育とリベラル・アーツは、福祉に従事する職員の車の両輪と私どもは思っています。

　パールでは前述のように毎週火曜日「全職員会議」を開きます。パールの全職員数は約180名、うち休日や勤務の制約があるので毎回約60名余が参集されます。会議の趣旨は、事例発表・失敗成功談・施設長の提言など職員主体の懇話会であり、理事長が終盤に15分程度の“福祉における安全管理”：「リベラル・アーツ」（一般教養）の話を付け加えます。会の終了時に職員は「感想文」を記載・提出します。この本は、このリベラル・アーツの内容を収めたものです。

　パールの職員は高卒18歳、大卒22歳から定年後に勤め始められた高齢の方までバラエティに富んでいます。その職員たちはこの会に出席し、感想文（＝声）を提出します。その声の数は毎回150声以上に及び、この「声」の中から代表的なものを4声ずつ選んで、各テーマの文章の後ろに載せました。臨場感が感じられ、十分興味のある読み物となることを確信しています。

　この種の会議では連絡事項や専門的な内容をやり取りすることが多いのですが、リベラル・アーツでは「視野の狭い専門家」になることをやめ、一般教養の知識で裏打ちされた職務が遂行されることを目標とします。

　内容は、新規職員のためのガイダンスから、古参職員のための一般教養を含みます。「介護」にまつわる話題が中心ですが、その職種に関係なく、老人の長寿・人生そのもの・心の動く心理・不思議なことのすべてが対象です。人と

はじめに

の会話が豊かで深みのあるものになることを期待しています。

新知識や知見の紹介

　各講話には"なにがしかの"真理（新知識や知見）が紹介されており、オヤ？　と思うことも含まれています。たとえば、「子を産まずに50年もの老後を持つ動物はヒトだけである」（♯610：軽度認知障害の予防）；「長寿願望の人の基礎資格はまず『歯を失わないこと』だ」（♯570：歯の数と長寿）；「もしあなたが本気で"不老不死"を望むのであれば、あなたは絶えず妊娠中であって、行動の自由はないだろう」（♯478：ヒトはなぜ老いるのか？）；「病気にかかる年齢順は、若年の感染症 → 中年の生活習慣病 → 初老の癌 → これらを生き抜いた人が最後にかかる老年病が『認知症』である」（♯616：ライオンの3倍も生きる）、などなど。

　このことはリベラル・アーツが好評な理由でもあります。内容的には「理科系・文科系」を問わず、一般の大人の方、あるいはご両親、さらにはご自分の将来問題で悩んでおられる方の良き対話題材を提供するでしょう。

　この「本」では心身の心地良さを追及するためには何をどのように理解しておくべきか、人の知恵を探り考えます。

　人間は欲張りなもので、心地悪いことがあればそれに満足せず、もっともっと高い望みを抱きます。人類の歴史をひもとくと、「不満・心地悪さ」を調整する仕事は理想的なリーダーをいただくことから出発したようです。しかし、リーダー1人では荷が重いので、医師や法律家など、いろいろな専門家が分業してこの仕事に参加し、現在に至っています。つまり人間の望み（＝平和と心地よさ）を人々に与える仕事がリーダーの仕事であり、依頼を受けた各専門家が分業してリーダーを助ける訳です。

　近年、職業は分業に分業を重ね、数えきれないほどの専門職が現れ、福祉の分野でも例外ではありません。どの専門職も対等で重要です。しかし、先進諸国では「生活環境の保全、老人のやすらぎ」など、理想的なリーダーでなければうまく解決できない新しい問題が山積みされています。このようなことを前提として、「認知症　なぜ？　なぜならば」を述べていきたいと考えました。

3

【パソコンで閲覧のご案内】

① パソコンで「福祉における安全管理」と入力すると、リストが幾つか表示されます。

② その中、「福祉における安全管理」という項目をクリックします。

③ 「最新の記事」の画面が現れますので、左欄の「全ての記事の一覧を表示する」をクリック。

④ 少し待つと、「最新の記事の一覧」が、新しい入力順に示されます。

⑤ 画面の最右端のカーソルを操作すれば、目標の項目がすぐに表れるので、クリックします。

　本文中に掲載した「身体活動の強さ」のイラストは、日常生活でのさまざまな活動の運動負荷を表したもので、下に添えた数字は、安静時を1とした時の何倍に相当するかを表す数値（単位はメッツ：Mets）である。

　P13、22、35、38、41、58、66、68、76、85、99、109、138、147、157、163、181、193、207、223、233 の各ページに掲載。

認知症
なぜ？なぜならば

目次

はじめに………1

I 認知症は治るか？

ど忘れ………10
認知症を早く見つける？………14
アルツハイマーの扉………18
「痴呆」以前………23
認知症とスモーキン・ガン………25
時間ボケの幸せ………29
認知症で遠近感喪失………33
たそがれ症候群………36
「まだら呆け」………39
木を見て森も見よう………42
M.C.I.（軽度認知障害）の予防………46
「スマホ呆け」とシナプス………50
認知症は治るか？………54

II 天然介護

シャニダールと福祉………60
6つの「べからず」………63
万年目の亀………67
英語にない介護の表現………69
笑ってみよう………73
お年寄りの不眠症………77
「ちび漏れ」への対応………80
オムツと心の備え………83
やさしく無視する………86
しつこい腰痛：微細骨折………89
拘縮とは何か？ その対応………93
超高齢者のリハビリ………96
痛み止めについて………100
入浴と洗浄と知恵………103
開けゴマ！………106
プラセボのひみつ………110
天然介護………112

III 長生きの秘密

ヒトはナゼ老いるのか？………116
命のサイクル（周期）………120
遺伝子の新しい指令………124
長生きの秘密………128
歯の数と長寿考！………131
10歳ごとの華………135
花の命は短くて………139

Ⅳ アダムより幸せか

長生き・幸せと認知症………144
死期猶予30年と介護界………148
100歳の壁………152
ヒトはライオンの3倍生きる！………158
寿命、え？ 1000歳？………164
屈折年齢と福祉………168
曾・祖父母の進化………174
人並みの満足！………177
死に様のモデル………182
食べず飲まずとB.M.I.………185
体格指数（B.M.I.）≒12は「天寿の指標」………189
認知症は死因の第1位となるか？………194
アダムより幸せか？………199

Ⅴ 福祉の100年後を展望

和魂和才って可能ですか？………204
今の福祉はご誓文に沿っているか？………208
削ぎ落とす工夫………211
養老本能と育児本能………215
「食介」は矛盾？………219
神の無謬と転倒………224
アルマアタ宣言と日本の介護………227
福祉の100年後を展望………231

　　　　　　おわりに………234

装幀　市川美野里

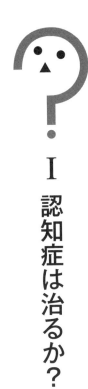

I 認知症は治るか？

ど忘れ

歳(とし)をとってくるとだんだんもの忘れがひどくなる。

　昼食に何を食べたかを忘れる事はないけれど、朝食に何を食べたかは一息頑張って思い出す。隣の部屋に何かを取りに行って、さて何しに来たのか分からなくなることもある。そんな場合、もとの部屋に戻ってエート？ と、思い出すのに苦労する。これは歳をとったからなのだろうか？ そうかも知れないが、振り返ってみると、私は小学生の頃にもこれをやった覚えがある。

　「ど忘れ」という言葉は、"絶対自分の頭の中に入っているはずの物事"を、口に出そうとして、どうしても言えない事である。なるほどこれならば若い頃からあったはずだ。受験の時代には覚えたハズの事が思い出せなくてよく泣いたものだ。これに対して「もの忘れ」はちょっと深刻で、"覚えていたかどうか自信のないこと"を思い出そうとする。なんとなく「病的な匂い」がする。

　記憶し、それを保持したあと思い出す……そのメカニズムは複雑である。まずインプット（情報が入る事）。見聞きする事は、まず脳のうち海馬(かいば)（図）という組織が一時預かりの役目をする。記憶が海馬に滞在する時間は「数秒～数分ほど」……たとえば、電話番号を移し読みする時など。それ以後の覚えておく場所は、大脳全体が関与すると言われる。

　では記憶を保持したあと、呼び出すのは どうなっているのか？ 実はまだよく分かっていない。

　介護職の生活をしていると、ご利用者により「もの忘れ」にも一定の「匂い」があるのを感じる。誰もが必ず一度はやるお笑い……眼

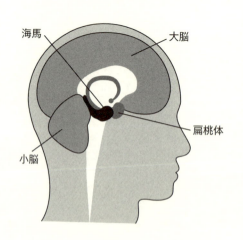

Ⅰ　認知症は治るか？

鏡がない！ 無い！ と探している人、他人が見れば「おでこ」の上にある（ど忘れ）!! またはある爺さま、トイレの後でチャックを閉め忘れるのを悩んでいる（もの忘れ）。実はトイレのまえにチャックを開けない時こそが病気なのである。

　人は 20 歳を越えると脳細胞は毎日 10 万個ずつ消えて行く、とはお聞き及びのことだろう[1]。人の大脳細胞は約 150 億個ある。失う数を数えてみると、毎日 10 万個× 365 日× 100 年 =36 億 5 千万、イヤーまだどっさり脳細胞は残っている、120 歳になっても大丈夫だ！ ところが、アルツハイマー病になると、脳細胞の死滅量が何倍も早い。大脳細胞がスカスカになる病気だ。

　人の脳の構造は、竹輪のような脳幹、その上にキャベツの大きさの大脳が載っかっている[2][5]。竹輪の部分の機能は犬猫のものと同じで、生命基本部分（呼吸・循環・体温など）を担う。キャベツの大きさの大脳は人間独特の脳であって、ここに知性・倫理・創造などの能力があり、それが竹輪の部分の脳幹機能の独走を抑えている。もし大脳がスカスカの認知症になれば、竹輪の機能が大脳の抑性から逃れ、ご存知、あのアルツハイマー症状を呈する。

　何よりも大事な症状は「短期記憶の喪失」と「① 時間、② 所、③ 人」に関する見当識情報をこの順に忘れることである。元気な我々でさえ、時間はすぐ分からなくなる——だから腕時計を肌身離さず付けている！ 認知症なら——
　① （時間）については、今が昼か夜か無関心、昨日と明日が分からない……
　　 つまり自分が将来死ぬ運命であることを自覚できない[3][4]。
　② （場所）に関しては、ここが病院か施設か、無関心で、どこに居ても居心
　　 地が悪く、帰宅願望の因になる。帰宅してさえ「ここはワシの家じゃな
　　 い！」とつぶやく。
　③ （人）については、付き添って来てくれた自分の子供なのに「あなたはど
　　 なたさまかのう？」と言って子供を落胆させる。

　認知症の記憶障害の原因は、情報の"一時預かり役"の「海馬」が情報を預

かってくれないこと、そして大脳がその支援もしないことによる……つまり、情報そのものが頭の中に存在しないのだ——無い袖は振れない! これに対して、「ど忘れ」の場合は、情報は頭の中にあるという確信がある……けれど何かの理由でそれを引き出せない、悔しい! 残念ながらなぜ記憶を呼び戻せないか、このメカニズムは明らかになっていない。受験生にとってみれば、「ど忘れ」と「無知」とは同格であるから、まったく悔しい。

でも有難きかな、ど忘れよ! たとえ口に出して言えなくても、「ど忘れ」は有益な情報が間違いなく脳の中に存在することの証拠なのである! ど忘れしたことは、ひょっとした機会に思い出されてくる。度忘れは認知症の兆候ではナイ! 安心しよう。

要約

① 「ど忘れ」は瞬時には思い出せない現象で、誰でも経験する。「もの忘れ」は思い出すことにいろいろ自信を失った状態であり、どちらも、記憶自体は脳の中に存在している。
② 認知症はそもそも情報が脳の受付場（海馬）で数分以内だけ留まっているだけで、記憶自体が脳の中に存在していない。
③ 「ど忘れ」と「もの忘れ」は認知症の初期症状ではナイ!

職員の声

声1：記憶力の良い友達に尋ねてみた——どうやって覚えるんだい？
　　　——映像にして覚えるんだよ——フーン!
答：記憶の受付所は海馬という事だけを覚えておこう。
声2：私は漢字や人の名前が以前に比べて思い出せなくなった。
答：固有名詞を思い出しにくいのは人類共通の性癖であり、悩む必要はない。
声3：知識は情報の「入力・保持・出力」の全部が揃ってこそ有益となる。私はこのところ入力不全に陥っているような気がする。

> 答：それは酒飲みに共通な現象だ——アルツハイマーと遠く似ていて、幸せなことかな？
> 声4：トイレの後のチャックの閉め忘れ、傑作だ！
> 答：英語で"Your fly is open！"と言う、つまり全世界的に観察される現象なのである！ チャックを開かずに用を足すと初めて病気となる。

1) 新谷「脳細胞のひみつ」福祉における安全管理 #88, 2010.
2) 新谷「蛙の認知症」ibid. #150, 2010.
3) 新谷「ボケ勝ち」ibid. #31, 2010.
4) 新谷「親切な蛙」ibid. #145, 2011.
5) 新谷「竹輪の上に虫食いキャベツ」ibid. #521, 2015.

福祉における安全管理 #231　2011・12・2

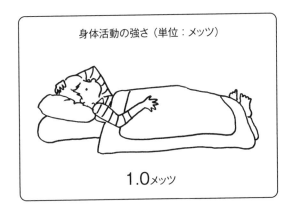

認知症を早く見つける？

この表題で、いきなり3つの「鍵」が出てきた……そこで次に述べる3つの鍵からこの問題を解き明かしてみよう。

① "どのステージを考える？"

そこをはっきりさせないままの論議が世の中には多すぎる。だって、今でこそ「認知症」と "症" が付いているからまるで "病気" だ、と診断されているが、10年前まで "痴呆" という名称だったし、それは病気ではなく、"年寄りボケ" の事であった。"年寄り" を病気と言えるか？……もしそうなら、"若者" も病気と言うべき言葉となり、"ボケ" だって "寝ぼけ" というように誰にだって見られる生理現象ではないか？

つまり当たり障りのない「ソフトな名付け」を求めるあまりに、元来病気でない状態（年寄りボケ）に可愛い名称（認知症）という "病名" が付けられてしまった[1]。いったんボケを病気として間違い認識されてしまえば、それに対応する治療や治癒があたかも存在するかの如く錯覚され、人々はその「幻」を追いかけているのではないか、と私は思う。たとえば、白髪や顔の皺は老人で増えるけれど、それは病気ではない "加齢現象" だから、美容上の希望なら別として、将来とも病気としての "治療や治癒" を期待することはムリであろう。

ここで "年寄りって何？" と問いたい。

2000年前のローマでは40歳を「老齢」（セネックス）と呼び、それが後世に受け継がれている。日本でも40歳は「老眼や白内障」の走りであり、「介護保険料」の徴収年齢となる。もちろん「白髪・顔の皺」も古今東西40歳を潮に老人らしくなる（初老）。近年の生化学分析では、ベータ・アミロイドという物質が人の脳細胞の中に溜まり始め、それが認知症の原因となる、と言う説

が強いが、それの溜まり始めの年齢が40歳頃である。

「認知症のどのステージ？」の答えは「40歳」

人間誰しもその年齢で全員認知症の候補者となる。しかし、認知症（＝年寄りボケ）の症状が目立つのは65歳頃であり、85歳で人口の半数が、100歳で8割が、110歳で全員が"ボケ"てしまう[2]。だから認知症がいつ始まるかはその人次第である……禿が何歳から始まるか、を問うようなものだ。

② 「どれほど早く診断できるか？」

前項によって一番早くて「40歳」と言えるが、遺伝性痴呆を除くと、現実には「症状が出たとこ勝負」である……つまり統計的に65歳を過ぎれば、いつなってもおかしくない。ナゼ早期診断が困難なのか？ と言えば、「痴呆は頭蓋骨の中の現象」であり、かつ脳の病理解剖は生存中には出来ないからである。また、仮に可能であっても、その主原因たる"加齢≒認知症"を防ぐことは、生命現象と矛盾する故、不可能・無意味である。世の中には「早期発見・早期治療」というモットーがあるけれど、"加齢"をわざわざ早く発見する必要はないのではないか？

「早く診断できないのか？」の答えは「早く不安になる」。

技術の進展次第で可能となるだろうが、「早く発見すれば早く不安が来るだけである」……なぜなら"年寄りボケ"もその人の寿命のうちだからだ。認知症の自然経過はおおよそ15年程度、半年やそこら早く診断できて何のメリットがあろうか？ ただし、周りの人たちが見つけやすい"周辺症状"は服薬でコントロールする利点はある[3]。

③「認知症のどの部分を見つけるのか？」

ほかの病気と異なり、“老化〜精神〜尊厳”に関わる鑑別をするのだから、誰しも慎重になる。次の順で要点を見たらどうだろうか。

（A）：私情を挟まないで観察する。肉親・知人の場合は困難だ。

（B）：「中核症状」のない認知症はありえない[3]。そこで“直近の記憶と見当識（時・所・人）の喪失”を認知症の「決め手」とする。

（C）：「周辺症状」は“人泣かせ”だが、あわてず見つめよ。

（D）：「早期発見」が唱えられている。が、前にも述べたように認知症の自然経過は約15年であり、パーキンソン病と似ている……あわてるな。

皆さん方、ここで考えて欲しい——上記のように、もし認知症が「病気」であるなら早期発見が望ましいだろうが、「加齢や老化」が主原因（使い古し）である以上、そんなものを早く発見してどうするのか？　私たちは子孫確保年齢50歳の更年期のあと100歳近くまで引き伸ばした、その結果、身体の各臓器の機能を極限まで使い尽くすに至った……発見よりも「尊厳」を考慮せよ！

要約

① 認知症を早く見つける方法を3つ述べたが、認知症は上品な病気なんかではなく、単なる「年寄りボケ」にすぎないゆえ、あわてずあきらめず受け止めて欲しい。

② 認知症の「中核症状」は、悔しいことながら、元に戻ることはない。しかし「周辺症状」は対応可能である。

③ 私たちは近年“長生き”を当たり前としてきたが、「命」にも終わりのあることをしみじみと知る。

I 認知症は治るか？

職員の声

声1　認知症が「治る、または進行を止める」ことができるのなら、早期発見・早期治療の意味があるだろう？

答：認知症は“加齢”とほぼ同義な状態であり、“加齢の発見”は簡単だが、“加齢の治療”とは「論理のあやまり」ではないか。

声2　認知症の“サポーター活動”では「早期発見・早期治療」が合言葉になっているけど……

答：それは“人権の保護”のことと思われる。メディカルな治療なら無意味だ。

声3　早期治療ができないにしても、せめて「安心して徘徊できる世間」にしたいものだ。

答：徘徊は認知症の“周辺症状”である……これは治療できる。あなたは徘徊者の捜索隊に参加したことがあるか？　周りの人から見ると「滑稽さ」を感じるようだが、隊員もお巡りさんも毎回お世話する苦労を重ねている。

声4　95歳で初めて認知症と診断され薬を処方されて“幸せ”なのだろうか？

答：先月96歳の老女が“苦しい”を理由にヘリコプター救急を要請した例が報告された（2016.1.24）……パールでは救急車出動を連続20回要請した91歳の男性例を経験している（救急車は1回4万円、ヘリコプターなら100万円程度の出費だという）。老人の“幸せ”を他人が詮索するのはなかなか難しいことである。

1）新谷「英語にない介護の表現」福祉における安全管理 #559, 2016.
2）Epstein, Robert "Brutal Truths About the Aging Brain" *Discover* 10, p.76, 2012.
3）新谷「中核症状周辺症状のおさらい」福祉における安全管理 #558, 2016.

福祉における安全管理 #563　2016・2・6

アルツハイマーの扉

　皆さん方はアルツハイマーと聞いて「耳タコ」ではないか？ ところが案外にアルツハイマーには知られていなかった大事な「扉」が何枚かあり、しかも終わりの「扉」はまだ開かれていない。今日はそんな話をしよう。

　① アロイス・アルツハイマーはオーストリアの精神科医。
　約 100 年前（1906 年）嫉妬妄想と徘徊(はいかい)トラブル等をもつ 52 歳の女性の事例を発表した。当時の医学レベルの診断は「脳梅毒による"老人性痴呆(ちほう)"か？」であったが、脳の解剖所見はまるで異なり、不思議な「脳萎縮と老人斑」を伴う、従来報告の無かった所見が見られた。

　② 4 年後にアルツハイマーの師匠であるエミール・クレペリンがこの疾患を、発見した弟子の名をとり「アルツハイマー病」と名付けた。

　③ アルツハイマー病の場合、長い名前をつづめて単に"AD"（Alzheimer Disease）と呼ぶ事がある。以下略語の AD を用いる。

萎縮した脳と正常な脳の比較
　　　　（正常）　　　　　　　　　　　　　（アルツハイマー）

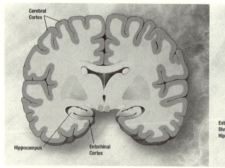
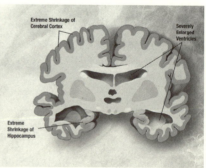

出典：https://upload.wikimedia.org/wikipedia/commons/a/a5/Alzheimer%27s_disease_brain_comparison.jpg

Ⅰ　認知症は治るか？

そんな経緯_{いきさつ}があるのにもかかわらず、その後半世紀のあいだ、AD はまるで忘れられていたかのようだ。1960 年頃になって日本で老人の認知障害は AD ではないか、との主張が増えて来た。

④　私が習った精神科の教科書（1955 年版）では AD は精神科の授業では注目される疾患ではなかった。

当時の日本の平均寿命は男 63 歳・女 67 歳であって、AD が好発する 65 歳以上の高齢者は少なかったのである。

⑤　「特養」（＝特別養護老人ホーム）は 1963 年に初めて設立されたが、痴呆は「精神病」と見なされていた。

したがって福祉措置の対象ではなく、実際 1970 年以前の痴呆患者は福祉施設に入所することはできず、行く先は「家庭で看_みるか精神病院」しかなかった。そのうえ「痴呆は家の恥」と見なされる空気があり、家庭内の場合、患者は部屋に閉じ込められて生活していたようで、その症例記述の一例を次に示す[1]。

73 歳男性の M さんは「老人性痴呆」で、座敷の四畳半の部屋に閉じ込められていた。自宅なのに帰宅願望が強く部屋の中で徘徊・不眠・オムツちぎり……排泄_{はいせつ}はオマル、汚れた部屋で差し入れられた食物をモグモグ食べていた。家族は本人が外に出られないようにし、外部からも気付かれないようにしていた。

⑥　1970 年代になるとビックリするように社会状況が変わった。

有名なのは 1972 年出版の『恍惚_{こうこつ}の人』という小説である。重い痴呆で舅_{しゅうと}の繁造（84 歳）は、熱心に介護をしてくれる嫁の昭子をいじめたが、息子の信利は知らん顔、その哀れな実状を紹介した有吉佐和子_{ありよしさわこ}の作品は当時の社会の注目を集めた。しかし国民は「老人性痴呆」の実態にただひたすら驚くのみで、社会的救済の動きは少なかった。その頃には、有名な「痴呆の長谷川スケール」が世に問われ、啓蒙的な病院や施設で「痴呆の現状」が記録されるようになった。

19

⑦ 1973 年は「福祉元年」と呼ばれた [2]。

老人医療費の無料化・寝たきり老人の保護などが始まっていたが、まだ日本の平均寿命は男 69 歳・女 74 歳であって、現在のそれぞれが 81 歳・87 歳に比べれば、老人問題は "序の口" であったようで、依然として「座敷閉じ込め」の問題は残っていた。

⑧ ここで「痴呆患者」にとって驚くような展望が示された。

1986 年、「痴呆患者が特養に入所」できるようになったのである。まだ措置制度下であったけれど、「座敷閉じ込め」の "哀れさ" が少しずつ解決される機運が訪れて来た。1990 年代に入ると「宅老所・グループホーム」などの痴呆老人の居場所が増えて来た。

⑨ その 10 年後、2000 年に何が起こったのかは誰もがご存知の通りである（介護保険！！！）。

差別感に悩まされていた「痴呆」という病名が「認知症」に言い換えられたのが 2004 年のことであった。これで AD は晴れて美しい響きの「認知症」に昇格したのである。

⑩ しかし AD の扉はまだまだ厚い。その厚い扉とは何か？

それは AD が「病気」なのか、それとも単なる「老衰症状」なのかの論議である。

現在のところ、AD は「脳内へのアミロイドベータの蓄積、神経原線維変化」等を原因とする「病気」として説明されるが、動物実験および人での観察でそれに否定的な報告が相次いでいる [3]。また、もし病気であるのなら、おのずと発症の好発年齢があるハズであるが、認知症は年齢が進むほど罹患数が直線的に増え、110 歳には全員が罹患するという "特異な罹患分布" を示している [4]……そんな分布を示す病気は「老衰」以外にはないように思える。

以上、アルツハイマーの扉を 10 枚ほど開いてみた。今でこそ AD は昔からあった病気のように日常的であるが、実はごく近年に開かれた扉だったのであ

る。長寿になった人々の裏に秘められたAD、国民みんなの宿命であるアルツハイマー病……我々のADに対する関心と戦いは今後とも続いて止むことはないのでないか。

要約

① アルツハイマー博士がこの病気を1906年に発見して以来約半世紀のあいだ、「痴呆」は世間の注目を浴びなかった。

② その半世紀後、日本の1970年代、「痴呆は家の恥」として患者はまだ座敷に隠される事態であり、1986年になって初めて「痴呆」は「特養」に入所できる資格を得た。

③ 2004年、「痴呆」は「認知症」と改名されたが、現在でも認知症が「病気なのか単なる老衰なのか」の論議が重ねられ、今後の対応、方針が検討され続けている。

職員の声

声1：年寄りボケは「病気」であり、その結果脳が萎縮していく、とは考えられないのか？

答：もし歳を取ること自体が病気だ、と思う立場ならその通りである。

声2：わたしの長年のデイサービスの経験から、認知症は「病気」というより「老化」と考えるほうが頭の整理が出来やすい……治療の有無にかかわらずやがて逝くではないか。

答：考え方が何れであろうと、対応や結果は何にも変わらない。

声3：アルツハイマーが「病気」であれば「予防や治療」も可能になるであろうが、「老化」であれば防ぎようがなく、尊厳をもってサポートするしかない。

答：60歳頃から始まって、罹患者はどんどん増え、110歳頃には全員がかかってしまう認知症……そんな罹患分布を示す「病気」が他にあるだろうか？

1）けあサポ「認知症の人の歴史を学びませんか」#2「座敷牢で暮らす認知症の人」http://www.caresapo.jp/kaigo/issue/pd4fc80000000zt0.html#top
2）新谷「福祉元年は1973年」福祉における安全管理 #569, 2016.
3）柳澤勝彦「認知症最新研究」『学士会会報』No.920, p.76, 2016.
4）新谷「木を見て森も見よう」福祉における安全管理 #598, 2016..

福祉における安全管理 #601　2016・12・1

Ⅰ　認知症は治るか？

「痴呆」以前

　私は昔の記録を知って愕然（がくぜん）としている。さてそこでその「昔の話」をしよう。
　700年前：兼好法師（けんこうほうし）の徒然草（つれづれぐさ）の195段。時の久我内大臣（くがのないだいじん）が正装のまま、田んぼの中で、泥んこになって木造りの地蔵を田の中の水に浸してねんごろに洗っていた。「変だな？」と見ていると、遠くから家来の2〜3人が駆けつけてきて「やはり、ここにいらっしゃったのか！」と言いながら大臣をみんなで抱え、御殿に運び込んだ。
　400年前：戦国時代を終わらせた徳川家康に可愛がられた「天下のご意見番・大久保彦左衛門」。歳（とし）をとると重用（ちょうよう）されなくなり、言動も怪しく、ついに自分のウンコをご主人の家の床の間に塗り付け、ご主人に「爺（じい）、狂ったか！」とお叱り。蟄居（ちっきょ）を命じられ、寂しく世を去った。
　150年前：島崎藤村の父を摸した青山半蔵（小説「夜明け前」）。幕末から維新にかけ、馬籠（まごめ）の宿（長野県）の村長として活躍した人。心労が続き、最期に「あがき」と見られる不審な行動が続き、ついにお寺への放火未遂事件を起こした。座敷牢（とこ）に閉じ込められ、抵抗空しく死を迎えた。
　40年前：友人の叔母70歳。「元気がなくなり、足の力が無くなった」と病院を受診、「甲状腺機能低下症」と診断された。実際には、街を徘徊（はいかい）し、交番で自宅の在り場所を教えてもらう「事件」が何度もあった。夫の献身的な介護もむなしく、数年後、病院で亡くなった。

　これらの4症例は、21世紀の知識で振り返ってみると、すべて「認知症」であることは容易に分かる。それどころか、まだ認知症が「痴呆」または「年寄りボケ」と呼ばれていた頃だったのだ。有吉佐和子（ありよしさわこ）の「恍惚（こうこつ）の人」が世に知られるようになり、世間がこのこと（痴呆）を初めて知ったのは、1973年だった。日本ではその年にやっと「福祉元年」と言われるようになり、老人医療が無料になった時代である。
　私たちの身の回りには、まだ「病気として気付かれない病気」がある。それ

にしても、今、増えてきた認知症が、何百年まえから存在していたことはオドロキではないか。

　この"発見も"、正確な行動の記録が残っていたからこそ、後に判明した。私たちの介護でも、「正確な記録」の大切さがしみじみと望まれる。

職員の声

声1：昔は認知症と言わなかったのか？

答：厚生省が「認知症」と柔らかい名前に変えたのは2004年12月、それ以前の50年間は「痴呆」、さらに以前は「年寄りボケ、恍惚の人」などだった。外国では今でも「痴呆」（dementia）である。

声2：やっぱり認知症は昔からあったのか。牢屋に入れられたりしたのか？

答：久我内大臣は正装のまま田んぼの中で泥んこ遊びをしていたし、映画『アマデウス』を見た人は覚えているだろうが、教会の入り口に「痴呆」の男たちが鉄枠の中に入れられたりしている。200年ほど前の物語だ。

声3：私の祖父は15年前、買い物の帰り道が分からず、何度も警察のお世話になった。認知症のような立派な病名ではなく、「年寄りボケ」と言われた。

答：平成10年以前の教育なら「認知症」なんて聞いたこともないハズ。

声4：私の祖母は箪笥にウンチを塗り付け、周りの人を困らせた、と聞いている。

答：それこそ、認知症の症状の表れです。

声5：平成の一桁、私がケアに関わっていた頃、「痴呆」の家族はひたすら「恥ずかしい、隠す」というのが常だった。現在はみんなで苦労を語り合える場ができている。

答：全く今昔の感がある。

福祉における安全管理 #2　2010・9・2

Ⅰ　認知症は治るか？

認知症とスモーキン・ガン

"私この頃物忘れが多く、「認知」になったのかしら？"とおっしゃる中年の方々によく出会う。

それは"100％認知症ではありませんよ"と私は答える……ナゼなら、本当の認知症なら、「忘れた事を認知できない」からである……"あなたは忘れた事を覚えているじゃないですか——そんな認知症って1人もいませんよ"。

こんな会話もよく聞く——"認知症は早期発見して予防しなくっちゃね……だって予防すれば掛かりにくい病気なんでしょ？[1]"。なるほどその通りらしいけれど、予防に気が回ることは認知症とはほど遠い健康状態であることも確かだ。

さてさてここで大事なことを申し上げておきたい。病気は大きく分けると「3種類」あって、

① 感染症（結核など）
② 腫瘍（癌など）
③ 退行変性（老眼など）がある。

「怪我や交通事故」は手当てを要するが、病気ではない。では、認知症はどれに属するか？　①や②でないことは歴然、すなわち③である。

なぜって、認知症はほぼ65歳を超えて発症し、5歳ごとに"倍々ゲーム"でその頻度を増す[2]——そんな感染症や腫瘍は存在しない。"え？　認知症って、脳の中にアミロイド・ベータという物質が溜まるのが原因で起こるんじゃないの？"と訊ね返されることもある。

きっとそうなのだろう、だがここでもう一つ付け加えておくべき注意点がある——それは相関関係と因果関係の「混同」である。たとえば「夏になってアイスクリーム販売が増えると、小児麻痺も増える——相関関係はバッチリだ……だからアイスクリームは小児麻痺の原因となる……これは統計の本に良く

25

出てくる相関関係の"早とちり・サンプル"であって、結論が間違っていることは説明するまでもなかろう——小児麻痺は夏場に多いが、アイスクリームを食べても食べなくても発生するからである。

　では因果関係とはどんなものか？　これは言葉通りに「原因があればこそその結果が出る」という意味で、たとえば「血圧の薬を飲んだから血圧が下がる」のようなものだ。

　でもあなたは質問する——"認知症の脳の中にアミロイド・ベータが存在するからそれは因果関係を示すものではないか？"と。きっとその通りなのだろう……だが、アミロイド病変があっても認知症の無い人も発見されているので、今研究者たちはとても困っているのだ[2]。
　因果関係の証明は案外に難しい。上記の「血圧の薬」テストでもこんな結果が出てくる——薬を飲んだのに、ⓐ 血圧は下がらない、ⓑ 血圧はむしろ上がった、ⓒ 血圧は上がったり下がったりする……人間は"情動の動物"だから、一筋縄にはいかないのである。こんな場合に備えて薬の効果を確かめるために「二重盲検テスト」（ダブル・ブラインド）が考案されたが、認知症の薬物試験では、効いたが160人、効かなかったが140人、どちらとも言えないが100人……のような成績が普通なのだ。こんな成績で「因果関係が確立された薬物」と断定してよいであろうか？

　今日の講話の表題は「スモーキン・ガン」（smoking gun）であるが、これは「煙の出ている鉄砲」という意味である。発砲事件があった時、何丁かの鉄砲を検査して、警察は「新しく煙の出た痕跡」があるものを原因鉄砲と見なす……つまり因果関係の確立である。
　認知症のスモーキン・ガン探求とは何か？　それは、認知症の説明が今のところ曖昧であって、「相関関係」（上記のアイスクリームと小児麻痺）によるものなのか、「因果関係」（スモーキン・ガン）によるものなのかが、混乱していることを物語る。

I 認知症は治るか？

　老年期の疾患のピーク年齢は個人差があるものの脳卒中でおおよそ65歳、癌で75歳であり、以後の頻度は減少する。ところが認知症は65歳から出発し、以後5年ごとに増え、85歳で人口の約半数が、100歳で8割が、110歳で全員が認知症になる[3]。こんな頻度分布を示すものは「病気」とは言えない！

　話を元に戻すと、認知症の臨床はあたかも確立されたアミロイドの因果関係の中で語られすぎている。たとえば認知症は2004年まで「年寄りボケ」、つまり高齢性の「退行変性」と見なされていた。退行変性であれば、因果関係なんてナイ！　あるのは廃用性混沌(こんとん)だけであって[4]スモーキン・ガンは特定できない。これに似た所見を示すものは、髪の毛の希薄化・白髪(しらが)・禿(はげ)、皮膚の皺(しわ)などの例が挙げられる。私たちは恣意的に"早とちり"して、廃用性混沌をスモーキン・ガンと取り違えないように気を付けるべきではないか？

要約

① 病気の3分類で言えば、認知症は炎症・腫瘍ではなく、「変性」である。
② 物事の相互関係は「相関関係と因果関係」に分けられるが、認知症の実態は不明なところが多い。
③ 認知症は脳内のアミロイド・ベータが原因とされるが、それはスモーキン・ガンではなく、強いて原因を求めるとすれば、今のところ「老化変性」としか言えないだろう。

職員の声

声1：ある老人、認知症予防のためにヨガや習字などのあらゆることを試みたが結局アルツハイマーになり、しかも死因は直腸癌だった。
答：「人間万事塞翁(さいおう)が馬」なのであろう。

声２：最終的に110歳になれば全員が認知症になる……だったら認知症の解決はお手あげだ。

答：日本では110歳を超える男性はただお１人のみ……普遍性のある結論はまだ出ていない。

声３：認知症の発生原因を追究して欲しい……単に「高齢」だけが原因ではなさそうに感じる。

答：「認知症」という立派な病名が混乱を解く鍵であろう──諸外国では「年寄りボケ」と呼んでいるし、日本も2004年までは「老人性痴呆」だった……高齢でない認知症は社会問題からほど遠い。

声４　歳を取ればとるほど認知症は増える……つまり認知症の症状は「老化」と同じである。

答：精神・神経症状が誇張されるが、同時に目や耳は遠くなり歯が抜け落ち、手引き歩行に骨折の多発……根っこは「老化」ですよ。

声５　仮に治らなくても認知症の原因追究と症状の緩和を達成するのが研究の目的であろう。

答：認知症の研究は「ヒトはなぜ老いるか？」を研究するのと同じであり[5]、たぶん"宗教・歴史・哲学"も動員せねば納得できる成果は得られないだろう。

---

1) 新谷「認知症を早くみつける」福祉における安全管理 #563, 2016.
2) 柳澤勝彦「認知症最新研究」『学士会会報』No.920, pp.6～85, 2016.
3) Robert Epstein "Brutal Truths About the Aging Brain", *Discover* October 48, 2012.
4) 新谷「幻の認知症」福祉における安全管理 #594, 2016.
5) 新谷「不老不死」ibid. #591, 2016.

福祉における安全管理 #596　2016・10・18

時間ボケの幸せ

私どもは、まだ歳をとらず元気なうちでも「時」を失うことがある。

ある日の当法人パールの高齢者の溜まり場 "パールライフ*" の朝の始まり——10人ばかり集まった高齢の人たちに講師が声をかけると、以下のようなことがあった。皆さんおはようございます……。今日は何日？（シーンとして答え無し）。何曜日だったかしら？（シーン）。何月です？（誰かが答える。4月でしょ→7月の間違いでした）。ことほど左様に「今日は何日？　何曜日？」など時間への老人の無関心はよくあることである。

人間は4次元空間に住む、と言われる。

つまり「立体（縦・横・奥行）と時間、合わせて4次元」だ。"縦・横・奥行" は目で見て、耳で聞いて、あるいは手で触って理解することができる。だが "時間" が縦・横・奥行と同格で、4番目の要素かどうかは疑問のあるところだ。

実際、4次元のうち「時間」は正常な人でも認識しにくく、だから私たちは "腕時計" を持ち歩いている。ところが、「時」を教えて貰ってもその理解が出来ない人もあり、その場合、人は「時を失っていると言う（4次元目の喪失）」。もちろん、そのような人は過去と未来の区別も分からなくなるが、肝心の当の本人はこの事をちっとも悩まない。

認知症は、"記憶障害" と同時にこのような「時の喪失」から始まる。症状が進むと、昼夜の別はもちろんのこと、約束や年月の違いも分からない。さらに進行すると、「所の観念」を失い、自分の家や居場所などの区別ができなくなり、その不安から「徘徊」が始まる。そのうち「人の区別」が困難となり、夫婦・親子関係などを識別できず、いろいろの問題が発生する。ご自分の子供たちに向かって「あなたはどなたでしたかのう？」とおっしゃる。

このように、「時・所・人」の認知が困難になった状態を「見当識の喪失」

と言い、その症状は"時間の喪失"から始まり→"所"→"人"の順に進行する。この見当識の喪失と記憶障害はどの認知症にも必ず有り、それゆえこれを「中核症状」と呼ぶ。あなたがケアに入っているご利用者は「時・所・人」の順番の中で、今どのレベルにあるかを観察してみよう。この応用は、良いケアの遂行上、とても役立つ視点だと思われる。

では、ナゼこれが起こるのか？ 人間は齢とともに"細胞老化"が起こり、正常な人でも、20歳を過ぎれば、150億個あった大脳細胞の数が毎日10万個ずつ減ると言われている。認知症ではこの減少が正常の人の何倍にも及び、その結果大脳機能が障害され、精神と行動異常の"中核症状"が進行性に出現する。失われた大脳細胞は修復されることなく、認知症の症状も進行性となる。

ここで話を変えよう。18世紀のスコットランドに貧乏な詩人ロバート・バーンズという人がいた。彼の「モグラへ」という詩を紹介する。彼が畑を耕している時、誤って鍬でモグラの通り道を壊してしまった。彼はモグラへ謝り、次の詩を書いた——

> それでも、おまえは、私と比べれば幸せさ
> おまえが知るのは今の事だけだ
> ところがどうだ、私は過去を振り返り
> 恐ろしい情景を眺める
> そして、先の事は私にも分からないから
> 想像して、怖れるのだ

人間以外の動物は、ひたすら現在の瞬間のみを生きる。モグラはなるほど通り道を壊され驚いて逃げたが、それはその時だけ……驚いたことさえもう忘れている……この次にまた壊されるのか？ と先行きのことも考えない。人間以外の動物は、過去と未来の認知ができず、自分がいつか必ず死ぬ運命にあることも予想できない。人間だけが生命の有限さを自覚することができ、それゆえに人間だけが"有限の生命と幸せ"を持つのである。

認知高齢者のケアをしていると、あなたは自分自身が普通の"人間"であっ

I 認知症は治るか？

て、相手のお年寄りのほうが上に述べたバーンズの言う「モグラ」に相当して、"可哀そう！" と思うことが無いだろうか？ もしそうなら、「幸せ」なのはどちらのほうだろうか？

「ボケ勝ち」という言葉があるけれど、私には認知症の方々のほうが「幸せ」ではないか、としばしば感じられる。だって、彼らは、なるほど日々の生活に不自由があるかも知れないけれど、その不自由を「苦と思う認知力がナイ」からである。苦しみがないから、「認知症は神様の最大の贈り物」とも言える。

同じ苦しみであっても、過去に経験した恐ろしい苦痛、将来に来るべき運命の恐怖など、正気の人なら、みな不安に駆られる。高齢者認知症では、それがナイのだ！ なんと有難いことではないか！ 私は「ボケ勝ち」のほうを大事にしたいと思う。もし、夫婦のうち、1人が先に"ボケ"てしまえば、"ボケ"たほうが先行きの不安から解放される。つまり、日々の生活やお金のことなどに悩まない。それって一種の「勝ち」ではないだろうか？ 時間を失った「ボケ勝ち」って、有難いものなんだなーと思うようになったこの頃である。

要約

① 人間は4次元世界に住むと言われるが、認知症に陥ると真っ先に「時の次元」を失う。

② それは「大脳細胞」の大量喪失によるものであり、修復されることとはない。

③ このため将来の「喜びや不安」から解放され、随伴する"記憶障害"とともに、一種の「ボケ勝ち」状態に陥る。

④ これはあながち「不幸」とは言えず、考えようによって「幸せ」なのかも知れない。

職員の声

声1　私も仕事から離れるととたんに時間が分からなくなる。

答：たいていの人は長い休暇をもらったとき時間ボケに陥る。

声2　デイサービスでは笑顔を引き出すケアは出来てもそれは一瞬の出来事であって、事が済めば笑顔はすぐ消え去る。

答：あんなに笑い転げて手品を楽しんだのに、エレベーターに乗ったらもうすっかり忘れている！

声3　見当識がナゼ「時→所→人」の順に消失していくのだろう、僕には納得がいかない。

答：難しく言えば、抽象性が高度なものほど失われやすいのだ……正常と思われる人でも「時」はすぐ失われるし、幼児に至っては「時」はほとんど分からない。

声4　80代後半のご婦人に「お幾つでいらっしゃる？」とお訊ねしたらある時は「38歳」と、翌日聞くと「62歳！」、他の日でも人気女優のように七変化していた──"今"を生きている認知症の方は"今の幸せ"こそが大事なのだった。

答：まったく同感、間違いを正すことはちっとも重要ではない！

声5　僕は「ボケ勝ち」の考えに大賛成だ──私も歳をとったら「ボケ勝ち」を選びたい。

答："ボケ勝ち"は神さまの最大の贈り物と言われるが、まさにその通りだね。

＊「パールライフ」とは、社会福祉法人パールの第50番目の事業としてスタートした、「老人の憩いスペース」である。発足後2年を経過。介護保険の認定がなくても"茶飲み話、体操や料理・囲碁など"で、毎週月〜金曜日、お互いを楽しむ会であり、健康回復にとても役立っている。

福祉における安全管理 #578　2016・6・7

認知症で遠近感喪失

　デイサービスではしばしばご利用者が手工芸の時間を楽しむ。従来から気付いていたのだが、認知症クラスのご利用者は、全般的に作品の稚拙があるのは当然だが、T. C. さま（86歳女性）は「ある特徴」をお持ちである。

　たとえば、マグカップに色付けする作業をする時、机の上で描く画用紙上での平面作業では、カップの全体像を捉え、色を塗ることができる。しかし実物の立体のマグカップを手にし、色付けをしようとすると、色を塗ることができず、途方に暮れておられる。カップの全体像が見えなくなるのかどうかをご本人に訊ねると、カップに描かれている絵柄を全部しっかりと答えられる。ナゼ色を塗れないのか不思議でならない。嘱託の精神科医のO先生に尋ねてみた。

　先生：認知症で有名なのは「半側空間失認」である。たとえば、キチンと全部見えているのに、右側だけを認知できない（＝分からない）のがそれに該当する。他の例として、目の焦点固定の障害、距離感の喪失、立体空間の喪失、ロクロ操作の困難などがある。これらの機能は人間の持つ高次「見当識機能」であり、幼児やサルにはできない。また認知症になれば徐々にできなくなってしまう（＝中核症状）。

　そもそも、私らの周辺は「3次元」であり、立体的である。これを模写しようとすれば、3次元を2次元に降ろすことになり、かなりの知能を必要とする。この作業に必要な「遠近法」は500年まえ、ミケランジェロが発見したものだ。ミケランジェロ以前の絵画と以後の絵画を比べると、その差がよく分かるはず。人類の絵画の歴史は何万年とも言われるが、3次元を2次元に置き換える技は、ごく最近に発見されたものである──古代の壁画には「遠近法」がない！

　現代の人間でも、幼稚園や小学1年生あたりの幼い子供は、近くにいる人と遠くにいる人を同じ大きさに描く。小4〜6になれば、遠近法で描けるようになる。つまり、遠近法（パースペクティブ、Perspective）は、1人の人間であっても、年齢が10歳の頃に獲得されるものであり、逆に、歳老いて認知症

になれば、再び失われてゆく。

　ここに紹介したT. C.さまの場合、2次元のお絵描きはできるけれど、3次元のマグカップの塗り絵はできない訳だ。このように、認知症では次元がだんだん減って行く（遠近法の喪失）。ただし、お絵描きテストをしたゆえにその実態が初めて知られた訳であり、ご本人は、子供と同じで生活上何の支障も感じておられない。

要約

① 実物のマグカップに"色塗り"をすることが出来ない症例を提示した。

② これは認知症の中核症状の一つである「半側空間の失認」「失行」の現れである。

③ 2次元の「絵」に3次元の"立体感"を盛り付ける発明者は500年前のミケランジェロである。

職員の声

声1：私はこのお話を聞いて、モグラに謝る詩人ロバート・バーンズのエピソードを思い出した。

答：バーンズは誤ってモグラの道を壊し、モグラに無礼を謝ったけれど、当のモグラは（人間で言うところの認知症であるから）一向に構わなかった、というお話だった。認知症とは次元が減っていく疾患だ、ということがうまく理解される。

声2：私は小学校の頃、先生に「近くのものは大きく、遠くのものは小さく描きなさい」と言われた憶えがある。

答：10歳前後で、ヒトは動物脳から人間脳に移って行く——会話の受け答えが、"ウン"から"ハイ"に変わる。

声3：遠近法をミケランジェロがわずか500年前に発見した、とは初めて聞く。

答：その時代以前の絵画は確かに立体性が乏しい──日本の絵巻を思い出すと"横に広がる画面"です（源氏物語絵巻、蒙古襲来絵詞、鳥獣戯画など）。

声４：認知症は「道具の障害」とも言われるが、ご利用者はコップの持ち方、そこにある椅子への座り方さえ分からなくなる。

答：みんなプロだね……よく観察していること！　徘徊とか暴力のような「周辺症状」は人によるけれど、このような中核症状の「失認・失行」は認知症で必ず有る。

福祉における安全管理 #312　2012・6・11

たそがれ症候群

　もう60年も前のことであるが、戦後の作家・丹羽文雄は「厭がらせの年齢」という作品でこう述べている。「老後を子供に頼るなどは、因習的な古臭い考えである……時代は変わった……一人一人が自分の老後の準備をすべきである……」、と。

　私はぼんやり覚えているが、その頃「厭がらせの年齢」という言葉は老醜を描いたその頃の流行語になったほどだ。しかし流行語の発端となった丹羽文雄は、自分の考えと異なり、その後長命、しかも「アルツハイマー認知症」にかかり、自分の娘さんにさんざん面倒を見てもらったあと逝かれた。

　まあ、あの有能なレーガン米大統領（在1981～1989年）やサッチャー英首相（在1979～1992年）でさえアルツハイマー病を、国家の力強い背景があったにもかかわらず、予防することが出来なかったのだから、人の希望が何であろうとも、歳をとれば認知症から逃れることは出来ないのかも知れない。

　また現在の介護保険の導入に関係の深い50年前の小説『恍惚の人』、有吉佐和子の小説では、主人公で嫁の立花昭子が、「老人性痴呆」に陥った舅の茂造に徹底的な意地悪をされている。その頃、私はこれを読んで気分が悪くなった……だって、まだ誰もそんな世界を身近に持っていなかったし、「老人性痴呆」の実態など、まるで知らなかったからだ。有吉はその本の売り上げから得た印税1億円を老人施設に寄付を申し込んだところ、税務署から多額の税金を課されることが分かり、ビックリしたそうだ。まったく今昔の念に耐えない。

　さて前置きが長くなったが、今日のお話は在宅サービスのKさま（85歳女性、認知症）についての観察だ。夕方になると（15～17時）「物盗られ妄想」が現れ、「嫁が盗った、盗った」としきりに興奮される。何の証拠もないのに、ナゼ犯人が「嫁」で、なぜ「夕方」なのだろうか？　この観察をパールの元・精神科嘱託医のO先生にお尋ねしてみた。

先生：――真実でないことを真実と思い込み、それに固執することを「妄想」という。この場合、本人が固執する妄想の中身を訊くと、おおよそ病気の診断ができる。「被害」妄想は統合失調（分裂病）の、「罪業」妄想はウツ病の、物盗られ妄想は認知症（痴呆）の特徴である。

その他、老人の妄想には「帰宅願望」があり、一括して「たそがれ症候群」と言われ、午後3時頃から発生する。その原因は「体と気分の疲れ」から来ると言われる（幼稚園児でも観察される）。ナゼ「嫁」かというと、家族の中で「一番の他人」であり、いじめ甲斐があるからだろう。この場合、それは脳の病気による現象であるから、カウンセリングは無効だと分かっている。

上記の丹羽文雄と有吉佐和子は彼らの活躍の時代が戦後の一時期だったから、まだ認知症という言葉もなかった。また、その実態を今のあなた方ほどは経験してもいなかったハズである。にもかかわらず、以前には語られなかった老人の奇妙な行動を、新しい問題として提起したことはユニークだと言える。

現在の認知症の実態はすでに700年前の吉田兼好の「徒然草」にも紹介されるほどの古い歴史がある＊。今では認知症という呼称で社会に広く受け入れられている。高齢者のこの異常行動を我々が理解したのはわずか14年前（2004年）のことだ！

あなた方はこの平和で豊かな高齢者の時代にどんな感想をお持ちだろうか？

職員の声

声1：テレビで素敵なアイドルを見ると、嘘だと知っていながら恋心を感じる。これは妄想か？

答：嘘だ……または嘘かも知れない、と思うのならそれは健康な人の恋である、妄想の場合は病気であって嘘という気持ちは一切ない。

声2：確かに夕方になると不機嫌になって帰宅願望を言い張るお年寄りがある。一種の子供帰りなのか？

答：子供は病人ではないから、それは正しい表現ではないが、認知症の"周辺症状"として広く認められている。

声3：認知症になっても「嫁いびり」をするなんてイヤになる。
答：認知症の周辺症状はそれぞれの人の性格と環境によって異なる妄想があり、嫁いびりはその1つだ。
声4：嫁・姑(しゅうとめ)ですごく仲良く暮らしている方も多い。
答：両者とも賢くなったからだ。しかし、あなたが80歳に、姑さんが110歳になったら、賢さだけでは問題が解決しない。本文の『恍惚の人』の場合、嫁をいじめたのは姑ではなく舅だった。"妄想"を鍵にして、これからの長命老人の福祉のあり方をよーく考えたい。

＊新谷「痴呆以前」福祉における安全管理 #2，2010．

福祉における安全管理 #658　2018・1・24

「まだら呆け」

デイサービス・クラスのＩさま（アルツハイマー認知症 要介護2）は、きちんと歩ける方だが、トイレで「パンツを脱ぎましょう」と言ってもまったく聞き入れて下さらない。しかし、同じクラス・同程度のＪさま（脳梗塞後の認知症 要介護2）は「家の財産が盗まれたので、困っている」と深刻に解決法を考えておられる。認知症の方々は職員の言葉に反応できる方、できない方、いろいろだ。ここで2大認知症と言われる①「アルツハイマー認知症」と②「脳血管性認知症」とを対比してみよう。

① アルツハイマー認知症は、脳血管に原因があるのではなく、脳細胞そのものが"まばらに消えて行く病気"だから、全般的な脳の機能が徐々に低下し、初期には気付かれることもなく、滑らかな認知機能異常をもたらす（なだらかな「丘の裾」型低下）。

② これに反し脳血管性認知症は「脳梗塞・脳出血」などの脳血管の故障後に発生する認知症である。つまり脳細胞は時間で言えば「4分間」以上血流が滞ると死滅する。したがって、脳梗塞などで血流が途絶えれば、その血管の支配流域の脳細胞は壊れてしまう。木の枝を連想すれば分かるように、太い場所で梗塞が起これば起こるほど、被害は大きい。脳底動脈などの太い場所での梗塞では命そのものが危ない。

一般に病変が末梢であればあるほど、臨床的には被害が少ないと言える。しかし、末梢型の脳梗塞の場合、多くは間欠的にあの枝・この枝というように、何年かおきに梗塞が続発する。そのたびごとに症状が積み重なり「まだらボケ」というような状態になる。つまり、全体的にボケるのではなく、ある部分はまったく正常、別な部分は信じ難く異常。これを「まだら呆け」と呼び、脳梗塞の初回発作のあと半年〜1年などの間隔をもって病状が進行する。最終的

には「"まだら"とは言えないほど均一な要介護5」に発展する。

　ある人のボケが「まだらボケ」かどうかは、1回の診察では十分に明らかにならない。むしろご家族や介護者のほうが気付くことが多い。がんらい脳梗塞がある方に突然、また新しい麻痺や意識障害が加わったならば、新しい脳血管性病変が加わったと考えてよいだろう（多発性脳梗塞）。他方、3年〜5年〜10年掛かって症状がなだらかに荒廃していくようならアルツハイマーとみられる。

　両者は対応法が違う。脳血管性なら動脈硬化と年齢に対応するし（生活習慣病の治療）、アルツハイマー性ならさしずめ「有効な薬物」とケアが求められる。しかし、念のため申し添えることは——いったん消失した脳細胞が再生することはない。よって、お年寄りが介護者の指示によく従うようになることを期待すると、疲れてしまう。介護者は何度も同じ指示をする・話を聞くなどを続け、我慢強く対応するほかいい方法はない。

　なお、以上の2種類以外の認知症の分類は「レビー、ピック……」などの認知症があるが、これらは病理診断であって、生存中に確定できるものではない……介護者はあまり迷わないほうがよい。「まだらボケ」は差別用語に聞こえるけれど、まだ「まだら認知症」という言葉は定着していない。要するにアルツハイマー認知症なら"まだらでなく"、脳梗塞性なら"まだら"となる？

職員の声

声1　私は言葉としての「まだらボケ」を知っていたが、改めて脳梗塞の進行程度との関連で理解できることを知った。
答：わが身につまされて聞きました、という人がいました。
声2　大脳に穴が空くように、少しずつ脳機能が脱落すること、その有様が「階段状に見える」訳か？
答：Yes、yes！
声3　抜け落ちた機能の回復は期待薄とのこと、これを知っていれば、取り組みの展望が見えてくる。

I 認知症は治るか？

答：もちろん、リハビリの努力は大事である。たとえば、あなたが鉄棒にぶら下がるとき、ふつう10本の指を使うだろう？ でもリハビリによって、9本でもキチンとぶら下がることもができる。その違いがリハビリの力なのだ。

声4 「階段状の低下」と「なだらかな丘の低下」……なるほど、いい事を聞いた。

答：ボンヤリと対応していれば、"まだら呆け"に気付かないこともあるよ。

参考：新谷「無謀な介護」福祉における安全管理 #214, 2011

福祉における安全管理 #659　2017・12・18

木を見て森も見よう

あなたは（A）「頭痛・胸痛・腰痛」を病気だと思うか？ では（B）「老眼・難聴・認知症」をどう思うか？

（A）は文句なく「症状」であって病気ではないが、（B）に関しては意見が割れる所だ……だってみんな（B）は老人病のように思えるからだろう。ここで気になるのは「認知症」が病気かどうかの判定が明らかでないことではないか？

ところで、あなたは「物忘れ」を病気と思うか？ では「年寄りボケ」は？ それは程度問題だろうけど、病名ではないよね。ところが「認知症」は「症」という文字が付いているし、「健康保険」が効くから立派な病気だとして疑いもしないだろう。だが、認知症は 2004 年までは正式に「老人痴呆」と呼ばれ

年齢別認知症高齢者の割合

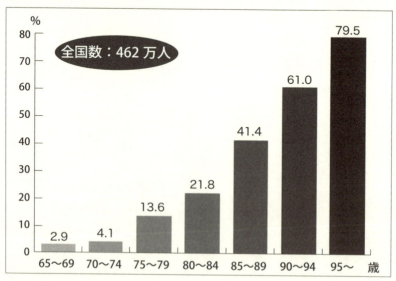

出典：厚生労働省研究班推計 2013 年より作成

ていたのであり、外国では今でも「年寄りボケ」なのだ。「ボケ」＝（症状）が日本では2004年に「症」＝（病気）へ"昇格"したのであった。

それは「ボケ」という差別感を解消するための善意で厚労省が決めたことであり、世間では好意的に受け止められたが、これを"病気"と考えれば由々しい問題が今発生しているのである。

それはナゼ？

① 病気であれば、その原因がいずれ解明されるハズであるが、認知症の現実には少しもその展望が見えて来ない事。

② 病気であればおのずと発症のピーク年齢があるハズであるが、認知症は年齢が進めば進むほど罹患者が増え、110歳には全員が罹患するという"特異な罹患分布"を示すこと──そんな分布を示す病気は他にはナイ！

③ 正しく診断された認知症が治療によって治ったという例は1例もないという事実。

日本は現在でも老人の人口比率が27%、やがて50%に近づいて行くと言われる……もし認知症が「病気」であるのなら、将来の日本は国民の半数が「認知症の国」、つまり「病人の国」に近づく訳であり、「介護保険費用で衰亡する国」を暗示する事態になってしまう。

どの教科書を見ても、どの講義を聞いても、「認知症とは……」と"症状"から始まって"治療・介護"と話が進むが、よく目を醒まして欲しい……認知症＝（木）を示す人の「全身症状」＝（森）が同時に検討されているのを聞いた人があるか？

「木と森の例」を挙げてみよう──人口の約半数が認知症＝（木）になる年齢90歳の人の代表的身体症状＝（森）は……皮膚は深い皺と多数の老人斑、髪は白髪または禿、目は老眼・白内障、耳は遠く鼻も利かず、歯は（総）入れ歯、骨粗鬆症で大腿骨骨頭骨折、高血圧と糖尿もあって、食事時のムセがしばしばあり、「誤嚥性肺炎」の疑いを受けた事もある……つまり「老化現象」が全身を覆い尽くしている。

これだけの老化症状がある人に、「脳」だけが若くて無傷という訳にはいくまい……事実全身の老化にあい並んで大脳にも所見があり、それが「認知症」なのである。図をご覧になれば想像がつくと思われるが、歳とともに増えるもの、それは脳を含む「全身の老化」である。

　人間は「大脳の動物」であるから、もしそこに老化症状が起ればそれは"まともな人間として認めがたい所見"として非常に"目立つもの"であり、その典型が中核症状の「ボケ」である。さらに周辺症状に至っては「ボケ」を通り越して"悪魔が乗り移った"と見られる「徘徊や嫁に盗られ妄想・暴力」などが現れ、人々はあわてふためく。

　昔は老人の数は少なかったし、仮にこんな老人がいても「座敷」に閉じ込められ、隔離されていたので大きな社会問題にはならなかった。今は老人人口が社会の 30% 弱を占め、認知症の数は全国で 400 万人……やがて 800 万人に増えると予想され、社会の大問題となっている。そこで認知症の予防・治療・介護の方法がクローズアップされているが、私はここで言いたい──認知症＝（木）だけを取り出して騒いでも全身＝（森）の老いを見なければ、正しい対応は出来ないのではないか？

　重ねて述べるが、認知症という言葉は「脳」だけの所見を語る……つまり全身の所見は表沙汰になっていない。ところが、現実の認知症の人は「脳所見」＝（木）のほかに、前述のような「全身の老化」を持つものであり、むしろ"後者"の脳＝（森）が主体ではないだろうか？

　ご理解の通り、認知症は「大脳細胞の脱落」に原因があるから、「薬」でそれを代替することは出来ない。つまり認知症＝（木）を治そうとしても治すべき脳細胞はそこに存在しないのに、いったい何を治そうとするのか？ したがって認知症のケアというものは、認知症という「脳に存在する木」はもう枯れているゆえ、従来表沙汰になっていなかった「身体老化」＝（森）のケアを重点的に行うこととなる。

　"木を見て森も見よう"というモットーの意味はここにあるのだ。

Ⅰ　認知症は治るか？

要約

① 認知症は病気というよりも、老化に伴う「症状」である……この
事は本文の図を見れば容易に納得できる。② 認知症の症状は主に
「中核・周辺症状」に分けて理解されるが、それらは体の他の部分
の症状（目・耳・歯・骨・筋肉など）と同格の老化現象であって、
両者を分け隔てて理解する事は出来ない。

③ 認知症の理解とケアは、「木」（＝精神症状）を見ると同時に「森」（＝
身体症状）も見る心構えが必要である。

職員の声

声1　木を見て森も見る、とは「ミクロとマクロ」の観察が重要だと
　　　いうことと同じだ、あらゆる人間関係に通用する哲学だ。

答：酒や煙草の効用分析にも通用するね。

声2　私は認知症を「脳だけの病気」と思っていたが、なるほどそれ
　　　は「全身性の老化」であることを納得した……こんな単純なこと
　　　に気付かなかった自分に驚いている。

答：医療・介護教育の際にも必ず必要な要点でもある。

声3　私は、病気は治る事があるけれど、認知症に関しては治る事が
　　　ない病気と思っていた。だけれど、もしこれを「老化の症状」だ
　　　と考えれば、人の老化は治るハズもないし、なるほど頭がすっき
　　　りした。

答：別に認知症を突き放す訳ではないが、真実をごまかさない姿勢
　　こそ大事である。

声4　認知症がもし病気であるのなら、ご家族はその治癒を期待する
　　　が、もしそれが「老衰の一形態」であるのなら、我々はご家族に
　　　そのことを伝えなくてはならない。

答：ご家族は薄々そのことを感じていらっしゃるだろう。

声5　認知症の進行を遅らせる「薬」はどれほどの効果があるのか？

答：その実態は、分からない。

福祉における安全管理 #598　2016・11・7

M.C.I.（軽度認知障害）の予防

　「坊主が屏風に上手に……」は早口言葉のサンプルである。もしあなたが聴いた時、それが「ボ・ウ・ズ・ガ・ビヨ・ウ・ブ・ニ……」であったら、何が分かるか？「歳」が分かるのである！

　お年寄りの簡単な特徴は「白髪・前かがみ・歩幅の短縮」のほかに、しゃべり言葉の一文字ごとの間隔が広がることであって、全体的なスローではない。ナゼそうなるか？　1つの理由は「発声に関わる筋肉の量」である。25歳の筋肉は75歳で半分に、100歳で4分の1に減るのだ……しかも、これは異常ではなく、生理的に正常な老化現象であり、誰だってそうなるのだ。

　今日の話題であるM.C.I.（軽度認知障害・Mild Cognitive Impairment）もこれに似ている。我らは更年期（50歳）までは、あまり歳をとらない。しかし、それから100歳に至るまでの50年には日々歳をとる。視力は衰え、聴力は弱くなり、残歯の数はゼロに近づき、「髪の毛・姿勢・歩き方・しゃべり方」まで変わってくる。ナゼそうなるのか？　大きな理由は、「子を産まなくなった生命（老人）」に若さは不要となるからだ……子を産まずに50年も長生きする奇特な動物はヒトだけなのである。

　同時にヒトの特徴である「知能」も衰えてくる……それは「悪化」ではなく、極めて正常な老化現象なのである――長生きして知能の衰えなかった人物は過去に存在しない。つまり、「軽度認知障害」という立派な名称がこのことを示している。多かれ少なかれ年寄りはみんなボケるのだ。

　そこで認知症の源である「痴呆」（ボケ）の定義を復習してみよう。痴呆とは、ヒトの生育に伴って獲得された「知性」が、老齢の進行に沿って非可逆的に失われた状態である。図を見てみよう。認知機能は正常なヒトであっても加齢に伴って低下していく。その低下の途中でM.C.I.と記載されている部分が「軽度認知障害」に相当し、その経過時点では正常者との区別は出来ない。

図　認知機能と時間の経過

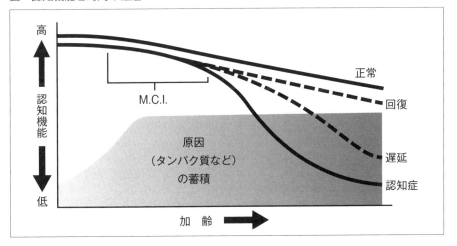

ここで M.C.I. の定義を 5 つ述べれば
① 本人や家族から記憶障害の訴えがある。
② 年齢や教育レベルの影響のみでは説明できない記憶障害がある。
③ 日常生活には問題がない。
④ 全般的な認知機能はおおむね正常。
⑤ 認知症ではナイ！　つまり「うちの爺さま、歳とったなー」の程度だろう。

でも識者は警告を発する……診断された M.C.I. の半数は 5 年のうちに本物の認知症に進展する、と。図でみると、上から 2 番目の線がそれに相当し、早期に治療を始めれば症状の遅延、または回復をするという（確証はない）。だから M.C.I. といえども早期発見・早期治療が必要だと、どの教科書にも書いてある。

でも考えて欲しい。5 年で 50% が認知症になるのなら、10 年で 75% が罹患するスピードだ。老人にとっての 10 年は、何でもなかった普通の老人だって認知症を発症する可能性は極めて高い。全人の統計で 65 歳をスタート点とすると、5 年おきに認知症の頻度は 2 倍ずつ増える「倍々ゲーム」なのである[1)2)]。

また早期発見・早期治療とは言うものの、それは掛け声倒れである。上記したように、M.C.I. の定義は 5 つあるけれど、「うちの爺さま、歳とったなー」だけで M.C.I. と早期診断されて、いったい何をどうするつもりだ？　だってキ

チンと診断される以前に認知症の保険薬を処方することは出来ないだろう？

　では一般的な予防法はないのか？　それがあると言うのだ！　たとえば「認知症予防の 10 ヶ条」（認知症ねっとなど)[3][4] はこう述べる——生活習慣病を避け、酒・煙草は禁止、適正な運動・食事習慣を確立し、趣味と好奇心を養い、人間関係を整え、おしゃれも忘れずに……。これは何も認知症専用の 10 カ条ではなく、万能な人生訓ではないか！

　第一、思想信条にもよるが、認知症って予防できるの？　現在のところ、認知症の原因は「脳内にアミロイド β とタウ蛋白 τ が蓄積して脳細胞を徐々に死滅させるからだ」とされるが[2][5]、その蓄積には 20 年程度が必要である。たとえば 45 歳頃からアミロイドの蓄積が始まり、65 歳になって病理所見が完成した頃、初めて認知症の症状が現れる——つまり、症状が出た頃には病気の 90% が完成しているのだ。本気で予防を考えるなら 45 歳の頃から「薬物療法」を始めなければ有効ではない[2]……しかも、アミロイド β 説が認知症の正しい標的かどうかはまだ不明である[5]。

　私は思う——更年期 50 歳までヒトはあまり病気をしない。だがその後 100 歳に至る老いの 50 年間は文字通り「有老長寿」で、知性も衰えてくる。知性のゆえに獲得され、他の動物にには存在しない「老年期」の存在理由はもはや希薄になり、M.C.I. を通り越して認知症という 終焉形式で人生が終わるのは理の当然ではないだろうか？

要約

① 老年期に入れば、肉体・知性が不可逆的に衰えるのは当り前である。

② 衰えには個人差が大きいが、M.C.I.（軽度認知障害）は知的衰退の一時期を示し、認知症への入り口でもあると言われる。

③ M.C.I. の予防は加齢の予防とほぼ同義であり、科学的発想と言うよりも人生の願望[6] なのではあるまいか？

I 認知症は治るか？

職員の声

> **声1** イギリスでは10カ条を守って認知症が減ったという報告がある。
>
> **答：** 認知症が病気であるのなら防ぐ効果もあり得るだろうが、現実には認知症＝「老化」とほぼ同義語であり、「防ぐ」という結論には誤認が多いと思われる。
>
> **声2** アリセプト内服は認知症予防に有効と聞いたことがある。
>
> **答：** 予防に使うのなら健康保険は使えず、自費扱いの服薬だけで（1錠5mg=300円）、年間11万円も掛かる……元気な人が病気予防にペニシリンを20年間内服するようなもので、遥かに副作用が怖い。
>
> **声3** M.C.I.と診断され、5年後に実は違った、と訂正されたら、それは幸運なのか？ それとも過剰診断で脅かされただけなのか？
>
> **答：** 後者であろう……たとえば90歳で「歳相応」のボケとM.C.I.の鑑別は困難である。
>
> **声4** 治ることのない老化を早期発見・早期治療するのは問題ではないか。
>
> **答：** 認知症は"加齢"とほぼ同義な状態であり、"加齢の発見"は簡単だが、"加齢の治療"とは「論理のエラー」である……白髪を早期に発見して、早々とがっかりするようなものだ[7]。

1) 新谷「幻の認知症」福祉における安全管理 #594, 2016.
2) Newton編集部「アルツハイマー病 研究最前線」*Newton*, pp.24 ～ 57, March 2017.
3) 「認知症は予防できる」認知症ネット，Yahoo より
4) 清原裕「生活習慣と認知症の発症予防」『学士会会報』No.922, p.86, 2017.
5) 柳澤勝彦「認知症最新研究」『学士会会報』No.920, p.76, 2016.
6) 新谷「木を見て森も見よう」福祉における安全管理 #598, 2016.
7) 新谷「認知症を早く見つける」ibid. #563, 2016.

福祉における安全管理 #610　2017・2・6

「スマホ呆け」とシナプス

　有る脳は"使え！"というのが今日の話題の結論になるだろう。

　近年のデジタル機器というのは"楽（らく）して便利"、すごく有難いもので今や日常的に欠かすことができなくなった。だがその便利さと引き換えに私達は「考える事や頭を使う事」が少なくなったように思う。SF小説の元祖であるアイザック・アシモフは50年も前に、本人は半信半疑ながら予言した──「将来100年も経てば、"子供を持つ親は、子供が何処（どこ）で何をしているかが見える装置をポケットに入れているだろう"」と。

　なんと、100年どころか、30年後にその予言は的中し、パソコン・携帯電話・さらにスマートフォン全盛のデジタル機器が子供の居場所だけでなく、あらゆる社会現象を報告してくれる時代に進んできた。でも、"それで子供のことを心配せず、幸せがやって来たのか？"と尋ねられれば、あなたは何と答えよう？　幸せのYes！〜〜困ったなのNo！、両方あるのが現実であり、それが今日の話題「スマホ呆け」である。

　デジタル情報というのは正確で親切だから、私たちに代わって物事を果てしなく"教えてくれ報告してくれる"。昔はルート2（√2）の値を「一夜一夜に人見頃」（=1.41421356）などと歌い、苦労して覚えたものだが、いまは割り算・掛け算・平方根などが安っぽいポケット電卓で瞬時に出てくる。文章・音声・画像記録も自由自在……つまり人は頭を使わなくても「指先1本で」自分の望む正確な情報を手に入れることが楽になったのだ。

　街を歩いていると、スマホを左手に持ち、右手の指でそれを操作しながら、周囲を気にせず道を歩く人を時々見かける。自動車で走りながらそれをする人もいる……危ない！　スマホに熱中する気持ちは分かるが、事故に気を付けな

図　ニューロンとシナプスの概念図

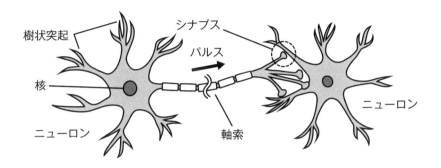

ければね。それほどスマホは人の心を吸い込む力があると言える。

　だが、デジタル機器は所詮人が使う道具であって、人がそれに使われるものではない。にもかかわらずゲーム感覚で、日がな1日スマホで時間を過ごす若者も少なくない。便利さを楽しむ限りそれで何も問題はないが、やっぱりやり過ぎは危険をはらんでいる。その結果、人はいったんスマホから離れると不穏な気分に襲われる。

　パールのある職員は、記憶力が弱くなり仕事や生活に支障が来る、と悩みを打ち明ける。"ぐうたら"状態が続き、集中力の欠如が起きるけれど「脳トレ」をする気にはなれない、と。まさに「スマホ認知症」と言うべきだが、その人は老人でなく若者だから「認知症」とは言えまい。認知症は主に脳細胞が脱落する老人に起こる症状であり、しかも"非可逆的"だ……スマホで起こる症状は治すことができるから認知症ではなく、それは「スマホ呆け」、またの名を「ものぐさ呆け」、というのが良い。

　そこでナゼこんな「ボケ」が起こるのかを検討してみよう。脳の働きは「神経細胞（ニューロン）」の働きに依存する。図で"ヒトデ"のように枝を張っている細胞がそれである。左の脳細胞は時計の3時方向に長い枝（軸索）を延ばしていて、それが四つの枝に分かれており、その枝の末端が隣の脳細胞に接している。この末端部位を「シナプス」と呼ぶ。神経細胞はこのような構造で

1つの細胞が次の細胞に連携して情報を伝え、脳全体としての綜合機能を果たす。

　人間の大脳にはおおよそ150億個の脳細胞があり、それらが上記のシナプスで繋がり合って高度な回路を作っている。脳の働きは脳細胞の数で決まるが、同時に情報を伝達するシナプスの数によっても決まる。脳細胞の数はその人では一定で変わらないが、シナプスの数は脳を使えば使うほど増えて行き、脳全体の活性を増大させている。

　シナプスは、赤ちゃんで生まれた時には少なく、前向きの経験と教育によって日々増え、人はだんだん賢くなっていく。「受け身でものぐさな生活」をするとき、シナプスは増えず、むしろ減っていく。そのとき脳全体の活性は低下し記憶力も判断力も弱まり、症状は年寄りの「認知症」に似てくる……「スマホ呆け」はこのような機序で起こるのだ。

　これを「スマホ認知症」と呼ぶ人もあるが、もし本当の認知症なら、図で見る神経細胞そのものが脱落するので回復することはない。しかし「スマホ呆け」なら"可逆性"だから必ず治る、つまり「ものぐさ」なスマホ熱中を改めればよいのである。

　まあ、月並みの助言ではあるが「有る頭は使え！」で頭の集中力は必ず回復してくる。

要約

① デジタル全盛の時代になって、人は楽になった反面、脳をあまり使わなくなった。

② 情報に受け身で接すると、脳の情報伝達を司る「シナプス」の数が減ってしまい、記憶力・集中力の低下、脳全体の活性も低下、「スマホ呆け」の症状に至る。

③ 情報を前向きで取り込めば、シナプスの数は回復する……「有る頭は使うべき」である！

Ⅰ　認知症は治るか？

職員の声

> 声1　本日「シナプス」なる言葉を初めて学び、脳に関する積年の疑問が解かれた思いである。
>
> 答：“単に頭を使え！”と言われるよりも説得力があるよね。
>
> 声2　4、5年前、自転車の前後に子供を乗せて走りながら「携帯」をいじっていた主婦に「危ないですよ！」と声を掛けたら「うるさい、ジジイ！」とにらまれた。
>
> 答：その状況、目に見えるようだ！
>
> 声3　私はもう「スマホ呆け」だ……困った時、ヒマな時も完全な依存症であせっている。
>
> 答：理事長のお奨め通りに、ちょっとは頭を使いましょう。
>
> 声4　電卓が世に出た時「暗算ができなくなった」。ワープロの時は「漢字が書けなくなった」。今度はスマホですか？「記憶・判断力の低下」か？……先行きどうなるだろう？
>
> 答：人間は「籠（かご）」→汽車→飛行機と旅道具を変えて器用に便利さを享受してきたけど、今度は厳しいね。
>
> 声5　今でさえ便利すぎるのに、これから育つ子供たちがスマホの便利に包まれると、若年性認知症が増えるのではないか？
>
> 答：スマホは脳細胞を減らさず、シナプスを減らすだけだから、この事を意識して我々は脳を使って行こうよ！

福祉における安全管理 #637　2017・11・6

認知症は治るか？

　これはなかなか大きな問題であって、「治る」という人の意見と「治らない」という人の両方が伯仲（はくちゅう）している。

　しかし、人々の心は「治る」という意見の人にすがり付く思いがあろうが、実際は「群盲象をなでる」[1] なのである。このことを机の上で押し問答をしても始まらない……あなたはまず、認知症と診断されている症例（Aさんとする）を想い浮かべて 次の図を見ながら「一問一答」して頂きたい。

　認知症は治るか？
　まず絵の中央の丸い部分（中核症状）の記事を上から順番に声を出して読み上げ、Aさんの症状に一致するかどうかを答えてみる。たとえば、「記憶障害 → ある！」、「見当識障害のうち、時間 → 分からない」、「所 → 分かっていない」、「人 → 間違える」……などのように自問自答してみよう。全部で7項目を自問自答すれば、Aさんに中核症状があるかどうかが判明する。認知症の基本には「必ず中核症状が存在」し、これがなければ認知症は否定されるのである。不思議なことに、認知症の本人は普通この症状に気付いていない。

　次に図の外側に記載されている「周辺症状」についても同様な自問自答をしてみよう。手始めに左回りで読み上げれば、まず、「不眠」があるか？ 次に「妄想」があるか？「幻覚」があるか？ ……と進んで9項目を一巡りしていただきたい。これによって、Aさんの周辺症状の輪郭が見えて来るだろう。これらの周辺症状は第三者にとっては大打撃であって悩ましくも迷惑な所見であるが、意外なことに、本人はこれを意識していず、認知症の診断には必須ではなく、また、経過によって出没する傾向もある。

　診断のダメ押しをする3番目の項目は（イ）年齢と（ロ）鑑別診断である。

Ⅰ 認知症は治るか？

図　認知症の周辺症状と中核症状

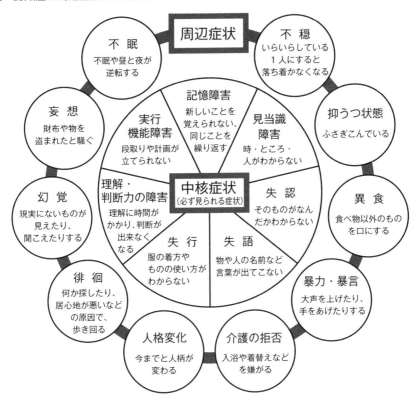

（イ）の年齢についてはAさんが介護保険の対象年齢であるかどうか？これはすぐ分かる。（ロ）の鑑別は種類の多い「認知症の同定」であって、普通病院の検査で確認する。老人性の認知症の約6割は「アルツハイマー型」、次に「脳梗塞後」、「レビー型」、「前頭側頭葉型」などと続く。

　ここで認知症は治るのか、治らないのか？の問題に移ろう。「問題の根っこは認知症という名称」にあるようだ！現在の認知症は昔、主に「老人性痴呆症」、つまり「老人ボケ」のことであり、差別的な匂いを避けるために2004年、上品な言葉＝"認知症"に改名された。

その結果、認知障害をきたす疾患およそ14種類もこの中に含まれてしまった（正常圧水頭症・慢性硬膜下血腫・甲状腺機能低下症などに続発する認知症など）。これらを 十把一からげに一つの「認知症」という言葉で代表すると、「群盲象をなでる」ような誤解が発生してくる——つまり、ある人は「認知症は治る」、別な人は「治らない」などの意見が出てきて、普通の人は何を信じてよいのか迷ってしまう。

さて、ここで決定的に大事なことは、認知症の症状には上述の「中核」と「周辺」の2成分があることだ。このうち、中核症状は認知症の診断には必須であり、これは大脳細胞の脱落による症状であって、大脳細胞は再生しないから治ることはまず期待薄である。ところが周辺症状のほうは機能的な失調であり、たとえば「徘徊」は認知症の診断に必須ではなく、仮にあっても治療によって治っていく。つまり、認知症の周辺症状は治療によって対応が可能である。

認知症が「治らない」という人の意見は認知症の中核症状が「治らない」という意味であり、「治る」という人の意見は 周辺症状ならば「治る」と主張している訳だ[1]。

ここで「治る」の意味を考えよう。たとえば、通常の「風邪」なら"完全治癒"が期待される。しかし「骨折」の場合は、元の形とは少し変形して治るからこれを"変形治癒"という。「心筋梗塞」なら、心臓の血管が詰まったのち治る病気だから、これを"欠損治癒"という。「脳梗塞」も心筋梗塞に準じて理解できるが、脳の場合は2種類の"後遺症治癒"がある——ひとつは"麻痺"、他は"認知症"だ。つまり、「病気が治る」という実態は疾患ごとにいろいろなのである。

AD（アルツハイマー）の場合を考えると、その発生頻度は、65歳頃からぼつぼつ症例が増え始め、それは直線的に増えて90歳で人口の約半数が、110歳でほぼ全員が認知症になっていく[2]。つまり「年齢増加＋大脳細胞の進行性

脱落」という主原因があり、前者は日々進むし、後者も今のところ齢と共に進むので [3]、「治る・治癒」という表現は不適当というべきではないか。

　今後、「齢はとるが老化はしないという矛盾」の治療が叶えられる日が来れば、「AD は治る」という見解も普遍的となるかも知れない。

要約

① 世間では、認知症は「治る」という意見と「治らない」という意見が伯仲していてしばしば混乱する。
② 認知症にはおよそ 14 種類 があるし、1 つの認知症の症状には「中核」と「周辺」の 2 成分があって、「治る・治らない」の議論は一概にまとめられない。
③ 一般的には「中核症状は治らない」、その他は「治せる」とみてよく、具体的には AD と脳梗塞後の中核症状の予後は厳しいものである。

職員の声

声1　私は介護保険以前からの経験で、認知症が治ったのを見たことがなく、それを"治る"という人がいるのが不思議でならない。
答：きっと治療のサジを投げないで、奮励努力を奨める善意で言うのであろう……人って、日々歳をとって行くものなのにね。
声2　認知症は治らない……でも長生きします、では困っちゃうよ。
答：半世紀前まで 人は「早死 50 歳」で困っていた、今は「長生 100 歳」で困っている…人間は勝手なもので、丁度良いのは少なくて、常に困ることを追い求めているかの如くだ。
声3　認知症で大声をあげたり、暴力をふるう理由が分からない……ナゼさっきの事を忘れるの？
答：大脳細胞が老化・消滅するのが認知症の本態……もし人間の大脳が壊れれば、抑制が利かず、蛇のよう・蛙のようになって、本能の欲求のままの人間に化けてしまう。

57

声4　治らないと分かったのなら「予防」すれば良いのではないか？
答：認知症は病気というよりも「老化が主体」の状態であり、「老化」を予防できた人は1人もいない……もし仮にそれが予防できたとしたら、世の中は自立できない100歳越えの老人で溢れ返ってしまう、というこの矛盾？

1) 群盲象をなでる＝多くの盲人が象を撫でて、それぞれ自分の手に触れた部分だけで巨大な象を評するように、凡人が大事業や大人物を批評しても、単にその一部分にとどまって全体を見渡すことができないことである（出典：教えて Goo）。
2) 新谷「木を見て森も見よう」福祉における安全管理 #598, 2016.
3) 大脳の細胞は、誰でも成人後毎日減少し、その数は1日10万個に及ぶとされている……でも心配ご無用、100歳まで生きていても、健全な大脳細胞は8割以上残っている。なお、「細胞数」の減少は「脳」に限らず、体のすべての細胞において観察されるものであり、それが「老化」という一般現象なのである。筋肉にいたっては正常な人で、25歳の筋肉は75歳で半分に、100歳で4分の1にまで減る！──これを「治る」という目で見るのか？

福祉における安全管理 #603　2017・1・11

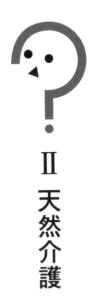

Ⅱ 天然介護

シャニダールと福祉

「心って何ですか?」と改めて聞かれると返事に困る。

この問題を軽くするために「私」の心と限定すると、たぶん幼児の頃から「心」はあったと思う。では「人類の心はどれ位昔からあったのだろうか?」との問いに対しては、再び難しくて返事をしにくい。

ヒトは 500 万年ほど前、アフリカで生まれたと言われるが、その頃にはたぶん心を持っていなかっただろう。それは蛙や羊や猫に心が無いだろうと思うのと同じである。

養老孟司さん(元東大解剖学教授)に尋ねると「心と大脳は同じものの二つの側面である」とおっしゃる。「脳の表面には電気が走り回っている……大脳はいろんな情報を集めて『心』を紡いでいる」とのこと。つまり心=大脳の電気だろうか。問題は小さな動物の脳ではムリで、ヒトの持つ大きな「大脳」である。したがって心は人類だけが持つもののようだ。

イラクとイランの北部に「シャニダール」という地域がある。1950 年代、考古学者たちがそこの洞窟を発掘していると、ヒトの骨が見つかった。推定時代は約 6 万年まえ。その時代なら現在のヒトではなく、ネアンデルタール人の骨と思われる。よく見ると、骨の間に「花の花粉」がいっぱい化石となって散っていた。その花粉の花は現在でも周辺に見られるという。つまり、ヒトの先祖であるネアンデルタール人は「死者を悼み、花を捧げる習慣があった」と解釈される。このことから、ヒトの心は「少なくとも 6 万年まえからあった」と結論づけられた。

おまけに、さらに調べると、その周辺から「歯のない老人の顎の骨」が多数見つかった。もし猿なら歯が無くなれば死んでしまう。つまり、歯が無くても生きて歳をとることができたことから、ネアンデルタール人は弱いヒトを援ける心、つまり「福祉の原型がその頃にあった」と言えるだろう。考古学者とはいい事を教えてくれる。

Ⅱ　天然介護

「進化論」とは

さて同じ 19 世紀で特筆すべきことはチャールズ・ダーウィンが「進化論」を発表した事だ。いまだに「進化論」を否定するグループがあるが、進化論を煎じつめて表せば、「適者生存」の一言に尽きる。ヒトはどのような信念を持とうとも、「自然の法則、進化の原理」の中でしか生きられない。

「自然の法則」とは、ヒトが手を加えない限り、状況は一番深い無秩序状態に陥る、というものだ。言ってみれば、お月さまや火星の表面のように、これ以上どうしようもないほどに無秩序になる（エントロピーが最大ともいう）。道路や家があるのは、ヒトが手を加えたからあるのであり、放って置くと元の土に戻ってしまう。

「進化の原則」というのは

“子を産まない歳になったら動物は死ぬ”という遺伝子の運命、また生命で“永久不変”というものはなく、絶えず少しずつ“適者生存”の原理に従って子孫が変化して行く、というものである。だから、ネアンデルタール人は今いない。少々進化したヒトがいるのみだ。にもかかわらず，「心の始まり」は変わらずに受け継がれている。「死者に花を捧げる」とか、「歯の無い他人を助ける」などの行為は「自然の法則」「進化の原理」に違反しているように思われる。

「福祉」に立ち戻って考えてみよう

「年金・医療・福祉」は「大飯食い」であるから、国の財政上問題視される。もちろん一番予算額が多いからだ。でも歴史を振り返ってみれば、6 万年まえからヒトは死者を悼む心、弱者を助ける気持ちを持っていたのである。ヒトは「自然の法則」「進化の原理」と矛盾しようが、“やさしく強く生きる心”を持っていたのだ。自然の原理・原則に反する、などを持ち出しても福祉の原点について考えなければならない。

ヒト以外の動物はたぶん心を持たず、我々から見れば「気の知れない一生」

を送るのだろう。しかし、ヒトは「6万年の歴史を背景にした福祉の心」を
持っている。

　皆さん、仕事の中で、もし"人を助ける事"に疑念が胸の中に生じることが
あれば、"福祉の心はシャニダールの昔からあった"事を思い出したらどうだ
ろうか！

職員の声

声1　6万年まえのシャニダール地方……想像もできないけれど、そ
　　の頃に「人の死を悼む心」があったのは感動的だ！
答：生まれたばかりの赤ちゃんに「心」があるとは思えないけれど、
　　いつ頃から「人の心」が根付いてくるのか……やっぱり 不思
　　議なことだ！
声2　歯のない顎の骨が出てきた、つまり、老人を援けていた。これ
　　を解釈すれば、弱者を援助する「心」があったのだ！
答：花一輪を捧げる心は、6万年まえから現在に連綿と繋がってい
　　るし、福祉の原型に間違いないだろう。
声3　歳をとって、認知症が重くなると意思の疎通が途絶えるが、「心
　　は死ぬ」のだろうか？
答：それは人間の「尊厳」の解釈と強く係わる……たとえば、人が
　　睡眠中の時、意識は無くなるけれど「心も無い」とは言い切れ
　　ないだろう？
声4　「脳死」の場合、大脳から「心」は消えているのか？
答：本文に紹介されているように、大脳の表面に"電気"が走り回っ
　　ている状態を「心」と呼ぶのなら、答えは"消えている"。こ
　　れに対してシャニダールの人の「心」は生きていただけでなく、
　　福祉の心さえあった！

福祉における安全管理 #23　2010・9・16

Ⅱ　天然介護

6つの「べからず」

　今日の安全管理で、高齢者介護で私が過去20年間に学んだ6つの「べからず」（してはいけない）を述べる。そのあと、あなた方に「類似の教訓があるか」を訊ねる。おそらく、各部署ごとで語られた教訓はいっぱいあると思う。その教訓を門外不出にせず、集めて、みんなの教訓にしてみたいと考える。

　① 急がすべからず
　午前4時、警報が鳴る→すぐ部屋に行ってみたら、トイレ前でもうMさん（98歳女性）がベットの傍に倒れていた→大腿骨骨頭骨折。病院で手術……今まで何度も転倒されていたが、今回が「万年目の亀」[1]となった。

　② 後ろから声を掛けるべからず
　廊下を歩いていたOさん（84歳女性）に後ろから声を掛けたら、彼女は、振り向きざまゆらりと転倒、左上腕骨折となった。病院で手術……お年寄りの三半規管の機能（平衡感覚）は落ちていたのだった。

　③ まさか！　と思うべからず
　デイサービスの朝、流れ作業で送迎バスから玄関へ人の流れがある。お1人のTさん（90歳女性）が玄関のマットの縁につまずいて転倒、鎖骨骨折？　救急で病院の診察を受けたら、骨折ではなく「挫傷」であった。ほっと胸をなでおろす……畳の「縁」に足を取られて転倒する老人はいっぱいいる → 以後の対策として、パールの玄関のマットは4分の1の大きさに縮め、その置き場所を中央から横のほうへずらした。

　④ 自分の持ち場以外で呼ばれても、そこを離れるべからず
　Sさん（88歳女性）のトイレ介助中、遠くから呼び声がする。Sさんに「動かないでね！」と念押しして、その声のほうに行き、対応を済ませ、元のトイ

63

レに戻ったら、Ｓさんはその場から移動していて、しかも転倒・骨折……認知症に「念押し」しても、それは無効であることを失念していた！ ④の事故は"新人職員"が時に経験する……キチンと教育しても、ついうっかりやってしまうようだ。

⑤ 押し問答すべからず

Ｄさん（79歳女性）のトイレ介助をしようとしたら、Ｄさんは介護者の同室を拒否、それはあぶないと押し問答した。……不安を感じながら、やむなくＤさんを１人にして、トイレの扉を閉めたところ、Ｄさんは中で転倒、骨折。介護者は責任を問われてしまう（……本人の意思を尊重したら事故になった、どうすればいいのだろう？ ⑤の事故が時にある！

⑥ 日頃「杖歩行」でも安心すべからず

デイサービスが終わり、帰宅順番を待っている時、Ａさん（94歳女性）は、ちょっと目を離した隙に、突然立ち上がり、１人で歩き始めて3m行ったところで、杖を足にからませ転倒・左大腿骨の骨頭骨折。→ 老人は待ちきれなくて、発作的に立ち上がることが多い……その"習性"を忘れてはならない。

事故への対応

（1）早く上司へ相談、救急車連絡も考慮、

（2）家族やキーパーソンへ連絡、

（3）最後に次のべからず！ →家族への報告は、事故の事実を伝えるだけ、余分な状況判断を付け加えてはいけない。個人の判断で善意を伝えても、間違っているかも知れず、まして弁解のウソは絶対言ってはならない。

人間は、動物の中でムリな二足歩行を選択した生き物、でも、それが有効なのは、遺伝子寿命（50歳）の範囲までである。その歳を遥かに超えた90歳になれば、転倒・骨折の衝撃は「ただ」では済まない。ひたすら心痛む結果が待っている。

現場でのいろんな教訓は教科書にいちいち書いてない。教訓をうまく介護に活かし、全国に発信することにしましょう。

Ⅱ　天然介護

職員の声Ⅰ

声1　6つとも身近でおおいにありうる、大事な教訓だ。

答：知っているのに、ついつい失敗してしまう！

声2　トイレ介助の同室拒否はよくある事だ。恥ずかしい事のほか、すでに失禁しているのを見られるのが嫌だからでもある。

答：デイサービスでは高い頻度で遭遇する事件だ。

声3　私はトイレ内での押し問答をよく経験する。

答：本人の言い分を聞いてあげて、仮に無事故であったとしても、たまたま、その時無事故であったにすぎないのだ。

声4　私も在宅のケア先で「べからず」にたくさん出会った。こういう事項をみんなで共有し、ホウレンソウ[2]で再発防止に役立たせたい。

答：十分気をつけても〝上手の手から水がこぼれる〞事もあるだろう。事故が起こったら、誠実な態度で、素早く対応しよう。

　1）新谷「万年目の亀」福祉における安全管理 #1, 2010.
　2）ホウレンソウ＝報告・連絡・相談.

福祉における安全管理 #50　2010・10・13

職員の声Ⅱ

以下は前回のレッスンから5年後の〝同じ安全報告〞を行った際の「声」である……結構〝重み〞のある声が聞こえてくる。

声1　現在ケアカンファで報告されている「前車の轍」でも〝6つのべからず〞に該当する事例・骨折が少なくない――つまり「我笛吹けども、汝ら踊らず」だ。

答：事故例を分析すれば、机上で学べない体験例の「宝」が得られるだろう。

声2　声掛けしてその意味が理解できない人を相手にしている時には、それなりの対策で行動するのが良いと思う。

答：つまり、賢い観察ほど助けになる訳だ。

65

声3 "そんなの分かっている、やっている！"と返事があるが……できていない！
答：反論するより実行あるのみ。
声4 「ちょっと待ってね！」は介護上よく使う言葉だが、私の方は"ちょっと"とは2〜3分のつもりだけれど、相手は2〜3秒しか待って下さらない。
答：事故が起こった後でも「自分の都合の良い記憶しか残っていない」ので揉め事の裁定が困難になる……物事は「まさか！」が起こってしまうものだ。

福祉における安全管理 #50　2016・8・23

Ⅱ　天然介護

万年目の亀

　亀は万年生きると言われ、長生きを象徴する言葉である。しかし、いかに亀といえども、万年目には死ぬわけだ。あなたの前にいる亀の寿命はあと、何年だろうか？

　分からないハズだ。つまり、長生き・元気なお年寄りでも、ひょっとして今日が万年目かもしれない。このことは、特に「骨折」について当てはまる――ナゼ？　と思うような骨折が時に起こる。ご利用者への注意を重ねながら、常に〝万年目の亀〟を念頭に置くように心がけよう。

　1つの例を挙げよう。お皿にヒビが入っていた。以前からヒビはあったので大丈夫と思って気にしていなかった。しかしその日、いつもの通りに洗っていたらパッ!! と2枚に割れてしまった。これこそ万年目の亀！

　古い建物の廊下の床がメシメシとして少し揺れていた。ある日その床がミシッと抜けてしまった。これも万年目の亀だろう。早めに補強するか補修するように、ヒヤリハット・レポートを出すのが良かった例である。

職員の声

　声1　私は「万年目の亀」を日常生活でよく実感する。だって、何もしないのに電気スタンドの球がよく切れる。

　答：普通の電球はおおよそ2000時間使用で切れる設計だと言われる――ただし統計上のバラツキもある。もし「よく切れる」のが事実であれば、キチンとメモを取るようにしよう。平均値は2000時間に近いはずだ。

　声2　在宅介護で洗い物をしていると、水道のカランが壊れ、茫然とした。

67

答：モノが壊れたり割れたりする場合、万年目の亀かもしれない。ふつう、カランは壊れる代物（しろもの）ではないから、普段の訪問の時、注意していたら壊れる前兆に気付いていたかも知れない。そんな場合には「ヒヤリハット・レポート」で伝え、事前に修理できたのではないだろうか？ あらかじめ壊れそうな予想に注意しよう。

声３　亀って 本当に万年生きるのか？
答：No！ガラパゴス亀でさえ 150 年程度だが、日本では「鶴は千年、亀は万年」と言ってめでたいとされる。

福祉における安全管理 #1　2010・9・2

英語にない介護の表現

　医療・看護・介護で使われる専門用語は各国語に翻訳されており、意思の疎通には困らない——たとえば「脳梗塞」……万国共通である。

　ところが日常語となると意味するところがかなりバラバラであり混乱する。その理由は主に「社会習慣の相違」による——たとえば「歯痛」……日本では痛む歯が何本かは問われないが、英語の場合、“私は１本の痛む歯を持つ”（I have a toothache.）と言い、仮に何本も痛んでいても“１本の歯”（a tooth）と言う——tooth の複数の teeth-ache とは言わない！　だってそれが習慣なのだ。そこで、今日は「介護」に関連する“おもしろ話”を５つ提供してみる。

　① 「介護」。英語で何と言う？

　ケア（care）が思い出されるが、藪から棒に「ケア」と叫んでも英語の“ケア”を辞書で引けばまず「注意・心配」から始まって 20 も 30 もの意味があるので、「介護」と受け止めて貰えない。ところが日本語で「かいご」と言えば「介護」しか思い浮かばない……日本語のほうが“狭義で確実”である。しかし、“介護”という言葉の歴史は浅く、昭和 50 年より以前の日本語辞書には掲載されていなかった——つまりその時代の官製「造語」だったのである。その語感も漢字でイカツイ！

　② ほぼ同じ歴史の用語が「看護」である

　状況を述べれば——明治維新後日本はたった１回だけ「内戦」を経験した。それが 1878 年の「西南戦争」であり、政府軍と薩摩の西郷隆盛軍が九州で戦った。相互に２万人もの死傷者が出たが、日本は近代国家になったばかりで、医療・看護面で十分な手当はできない。

　そこで西欧に倣って 1886 年に学校をつくって「看護」という新語を当てた——看とは“よくみる”、護とは“まもる”。うまい造語であるが、英語のナース（nurse）の“授乳する”という古い日常用語と違って、“いかめしい”語

感である。つまり、「看護」も "介護" も語感そのものは共通な政府発の新語であったのだ。「介護」は、日本語なら "カイゴ" だけで通じるが、英語にする時は、"care of the aged" とか "elderly care" と言わねば「看護」nursing care ととり間違えられる。

似た言葉に ③「老後」がある

前にも述べたように[1]、"老後" に対応する英語はない——せいぜい "歳を取った時期"（one's old age）としか言えない。ナゼか？ 英語は「古い男、古い女」という表現（old man, old woman）を嫌うのだ。"古い" と言っても日本のように "65歳以後" を "歳老いた" と呼ぶ "すなおな習慣" はない——いつまで経っても "私は若い" のだ。だから「老後に備える」を翻訳しようとすると、単に「蓄財する」としか言えない。そう言えば、日本にだって "老後" に対応する「老前」という言葉は無い！ 昔は "人生50年" で、「老前・老後」を使い分ける必要性もなかったからだ[2]。

④「食事介助」（以後、食介とつづめる）

これは "大問題" である！ ナゼって、翻訳語はあるけれど——「摂食を助ける（help with eating）」、「食事援助（meal assistance）」——それは "意訳" であって、英語には「食介」の実態がないからだ。あなたは "ハテナ？" と思うだろうが、日本式の食介は英語で言うと「餌を与える（feeding）」の意味になるのだ。あなたは赤ちゃんに "餌" を与えるのか？ 与えないですよね……あなたの体の一部（お乳）をあげるのです。

同じように、老人に "餌" を与えるのか？ もしそうするのなら、ヨーロッパは牛馬に人参を与えるかのように、人間の尊厳を著しく侵害する行為だととられる。だから "自分で食べられない老人" への食事介助をしない、と言われている。——つまり、要介護4・5の老人は少ない[3]。それゆえに「食介」に対応する英語はナイも同然なのだ！

⑤ 最後に「認知症」をあげよう

介護保険が始まった2000年には、認知症は「痴呆」と呼ばれていた。それ

以前は「年寄りボケ」などの差別用語であった。認知症の存在は歴史的には古くから知られており [4]、700年前の徒然草（兼好法師）の頃から報告されているが、病名ではなかった。

2004年になって「痴呆性老人」の表現は“ムゴイ！”という理由で立派な名前＝「認知症」と呼ばれるようになった。ただし、単純に“認知症”では、認知力が“減ったのか・増えたのか”不明ではないか、との反論もあったが、そこは日本人……“曖昧模糊の美”が採用されて今日に至っている。

“認知症”なる命名はその後心理的に抵抗もなく人々に愛されているようだ。近年に至っては「私、物忘れが増えたから、そろそろ“認知”なのかしら？」などの表現をする若いご婦人も出てきた……。「認知症」ではなく「認知」という語感が良いらしい。英語なら「痴呆＝正気を失っている」という意味のラテン語の「ディメンシャ」（dementia）だが、「痴呆」よりも「認知」のほうが遥かに微笑ましい名称だ、と私も思うのだが、皆さんがたはどう思われるか？

要約

① 言語は“習慣”であり、習慣に“理屈”はいらない。
② 毎日使っている“5つの言葉”（介護・看護・老後・食介・認知症）について、対応する英語との相違を考えてみた。
③ 一見同じものと思っている言語でも、国や時代背景の違いによって、案外に中身が違うものだ、と驚いてしまう。

職員の声

声1　「痴呆」とは“正気を失っている状態”の事だったのか！！
答：ヨーロッパ語なら「正気でない者は“痴呆”ディメンシャである」と単刀直入な表現を好むのだ。

声2 文化の違いで介護の中身が違うのか？

答：大違いだ！ 欧州では「要支援」という分類はないし、「要介護4・5」は"寝たきり老人介護"に相当するから少ない！ これに対して、日本の文化では「おんぶに抱っこ、乳母車」の至れり尽くせりの介護なのである。

声3 外国では「人間の尊厳」を大事にするあまり、摂食困難老人の栄養を軽視するのか？

答：食事介助とは親鳥が雛に餌を与えているように見える……彼らはこの姿を人間に重ねることを嫌がり、人間は動物とは違うから……、と考えるらしい。

声4 "Feeding"という言葉を聞くと、「老人にエサを与える」こと＝「食介」は失礼な行為であろう。

答：彼らの信念では、"寝たきり"は「尊厳ある存在」ではないと思うのかもしれない。

1）新谷「老後の半世紀」福祉における安全管理 #512, 2015.
2）新谷「老後破産」ibid. #515, 2015.
3）新谷「寝たきり老人をなくす？」ibid. #554, 2015.
4）新谷「痴呆以前」ibid. #2, 2010.

福祉における安全管理 #559　2016・1・10

笑ってみよう

　元気な心は元気な体に宿る。でもこれは簡単なようで難しい。笑う門には福来たる！　あ、これならいい！

　"箸が転んでも笑いこける"のはうら若い女性特有の現象であり、高齢者では、そうそうたやすく笑顔を見せて頂けないようだ*。パール特養のサロンは3階2階に分かれていて、3階のほうは要介護度の進んだ方々が過ごしておられるが、テレビをご覧になっていても声を出すことなく大変静かである。これに対して、2階のほうは要介護度の軽い方々が過ごしておられ、笑顔が多く、テレビを見ても声を出してどよめく雰囲気が見られ、3階とは対照的である。2階も3階も、平均年齢は86〜87歳であって、有意の年齢差はないが、認知症のレベルには明らかな差がある。

　「笑い」は、喜びの感情と繋がっている"副交感神経反射"によって起こる。人間の脳は"2階建て"になっており、1階部分は「動物脳」、2階部分は「人間脳」だ。「笑い」は「動物脳」がリラックスし、「人間脳」が"おかしさ"を感じた時に発生する。認知症になると、「人間脳」で"おかしさ"を感じることができなくなり、「笑い」が分からなくなる。

　猿や犬・猫は"喜び"を感じるようだが"声を出して笑う"ことはない。まして"鳥や蛙"は笑わない。つまり、「笑い」とは、人間のように発達した大脳の所産なのである。

　皆さん方、日常のケアを通じ、ご利用者が「どの程度お笑いになるか」を観察すると「動物脳と人間脳のバランス」が理解できるので、ひとつ注意を向けて見られると良い。「笑い」は「ストレス解放、免疫強化」などの理由で健康増進に効くとされる。ならば、高齢者介護で「笑い」を誘うような行動をもっと取り入れたらどうか、とさえ思う。しかし同じ笑いであっても「空笑い」では意味がないとも言われる。空笑いとは、笑う内容がないのに、顔だけが笑っ

ている状態であり、統合失調（精神分裂病）の特徴でもある。そこでナゼ認知症で"おかしさ"が分からなくなるか、の理由を考えてみよう。

① 記憶の喪失

落語を思い起こして欲しい——ちょっとまえに耳で聞いた事と今聞いた事が矛盾すると人はハテナ？ と思い笑いが誘われる。膨（ふく）らんだ「期待と関心」が裏目に出ると思わず「笑っちゃう」のだろう。もし記憶のない人の心ならそもそも心の中に"矛盾"なんて存在せず、ただ平坦な「無」があるだけで「笑い」の存在する理由はまったくなく、仮面状の無表情が続くのみだ。

② 時・所・人の喪失

認知症に"時"の概念は無い——夏と冬の意味は分からず、8月に冬服を着て汗を流しているが、本人はちっともおかしくない。"場所"の感覚が薄いので、トイレではない場所で排便しても、"変だ？"とは思わない。"人物"の区別がつかなくなるので、自分の息子に"あなたはどなたでしたかのう？"と語ったりする。

要するに「笑う」とは高度な感情であり、人間は大脳皮質の発達により、辻（つじ）褄（つま）の合わない現象に出合うと「思わず笑ってしまう」ようになった。逆に大脳細胞数が減少・欠如し、所定の脳細胞の協力機能がなくなる認知症では、笑う内容が脳の中に発生しなくなるのだ。老人のケアを続けている皆さん方の中で、この1〜2年で「笑い」が消え、ハテナ？ と思った症例をお持ちの方もあるのではないか？

ある高名な病院の院長先生、75歳。その年の忘年会で、若者たちが披露する「お笑い劇」を一番まえの席で見ていて苦虫を嚙（か）み潰したような顔でおっしゃる——「皆はこの劇を見て笑うが、私には何がおかしいのか、さっぱり分からない」と。案の定、半年後には「正常圧水頭症（すいとうしょう）」のために職を辞されてしまった。この病気は脳細胞数が減少し、"ボケ・あひる足歩き、おもらし"の特徴を示すことが知られている。

別な例で女性104歳のY. T. さま——いつも怒りっぽくて機嫌の悪い方だっ

たが、「お化粧の会」に参加して綺麗にしてもらったところ、カメラの前で満面の笑みを一同に披露され、周りの人たちを唖然とさせた。つまり高齢者は一般に笑わなくなる*、とは言うものの、問題は単に"高齢"だけが原因なのではなく、"認知機能の強弱"で「笑い」の存続が決まるのである。

要約

① 気分にムラのある高齢者でも、介護者が笑うと相手もつられて笑うことがある。

② 90歳でも100歳でも、笑ってもらえるようなケアができればこのうえなく楽しい。

③ "笑うとボケない。笑う門には福来たる"など、介護にとって「笑い」はとても大事な雰囲気づくりの要素ではないだろうか？

職員の声

声1　ツボを得て笑いを提供するケアこそ私らの最大の遣り甲斐でもある。

答：一般に真面目すぎる講義より笑い声のある講義のほうが受け入れてもらいやすい……名人は所を得て聴衆を笑わせる。

声2　デイサービスのリーダー業務を担当する時、どれだけ笑ってもらえたかが"適役の判定基準"になる。

答：笑いの絶えないサービスは傍目でも幸せに見える。

声3　ご利用者でも、いつも笑っている人・怒っている人、さまざまだ。笑いが大脳機能によることを学んだが、私の観察では笑っている利用者よりも表情の硬い利用者のほうが多い、ナゼ？

答：よく気づいた！　精神科一般でも笑う人より怒る人のほうがずっと多い……攻撃・防御が生命維持に大切だからだろう。

声4　2階サロンでお過ごしの軽症ご利用者たちは、テレビを見てよくお笑いになる──命をどっさり楽しんで頂きたい。

答：子どもたちの美しい空想や優しい情緒を表した童謡作家の西条八十（やそ）の歌を連想させる——唄を忘れたカナリアは後ろの山に棄てましょか？ いえいえそれはなりませぬ……唄を忘れたカナリアは象牙の舟に銀の櫂（かい）、月夜の海に浮かべれば忘れた歌を思い出す——認知症のお年寄りは歌を忘れたカナリアなのかも知れないなー？

＊ Jim Holt "Why Laughing Matters" Discover 7, p.67, 2008.

福祉における安全管理 #458　2014・7・9

お年寄りの不眠症

　不眠症に悩む人は少なくなく、その出現率は一般人口の約 20% と言われている。

　そのタイプは大きく 3 つに分けられる：① 寝つきの悪い入眠障害、② 眠りの浅い熟眠障害、③ 朝早く目が覚めてしまう早朝覚醒である。今日はお年寄りの一症例を話題にして、精神科 O 先生に解説をお願いした。

　質問：在宅の症例 K さま（75 歳 女性 多発性脳梗塞 認知症 不眠症 要介護 1）は、夕方になると精神的に不安定となり、「襲われる」とつぶやき、襖にガムテープを貼りつけ、眠剤を使って寝ます。このような「せん妄」はナゼ夕方から夜になると出るのでしょうか？

　答 先生：高齢者の不眠は、いろんな問題を起こす。まず、背景に何もない「神経性不眠」を考える。たとえば、ある家電会社の有名な創業者 M.K. 氏は、若い頃から 94 歳で亡くなる前日まで睡眠剤を使っていた、という有名な逸話がある。これは、昼間の覚醒レベルが高く、過覚醒になっていたからの可能性が高い。普通の人なら深夜近くになると、覚醒レベルは自然に低下するが、過覚醒の人はレベルがなかなか睡眠レベルまで下がらないから、睡眠導入剤を用いて、覚醒レベルを下げてあげる。

　若者でも寝られない時には「羊が 5 匹……羊が 6 匹……」と唱えれば寝られると聞いたことがある。羊が 200 匹くらいではなかなか効果が出ない。

　お年寄りの場合、昼間居眠りをし、夜の睡眠が浅い方が多く、言ってみれば睡眠は足りているけれど、悩みだけは人並みの場合もある。そのうえ、午後 7 時、8 時に寝床についてしまえば、明け方には目が覚めるのはやむを得ないだろう。こんな例なら、時間配分のお世話をすればよい。たとえ不眠症で悩む人であっても、電車やバスの中、お話し会で照明が暗くなるとスヤスヤ寝る人も少なくなく、脳の病気とは言えない。

「うつ病や統合失調」であれば、睡眠障害は「脳の病気の一つの症状」でもある。一般内科疾患で「痛みや苦しみ」があれば、不眠の原因になり得るだろう。

　ご紹介の症例は脳血管性の認知症の初期と見られる。「せん妄」とは「ありもしない状況を"ある"と認識し、それに固執して驚き悩む状態であり、しかも、あとになって"覚えていない"」と言うのだ。健康な人でも手術後などで一過性に見られることもあるが、ほとんどは、認知症・脳卒中後・代謝障害・アルコール依存症である。

　老人でこれが見られたら、まず"認知症が始まったか？"と疑う。脳機能の衰えた老人は、子供と同じで、夕方になると早く疲れて短気になり、夜になると孤独になる。「せん妄」が夕〜夜に多い理由はここにある。認知症の周辺症状[1]とは「何でも有！」だから、「襖にガムテープを貼る……」について個別の説明をつけても何の意味はない——その人の性格、環境によるものであり、「そうですか」と聞き置くだけでよい。

　原因は何であれ、最近は副作用の少ない睡眠剤が利用できるので、精神科医に相談して睡眠薬を用いるのが良い。これが本人と家族にとって一番負担が少ない方法である。

要約

① 不眠症には３つのタイプがあることを述べた。
② 昼間コトンと居眠りするが、夜の不眠症がある人は「過覚醒」の可能性があるから、睡眠導入剤を用いて覚醒レベルを下げてあげる。
③ お年寄りでせん妄のある方なら、「認知症・脳卒中後・代謝障害・アルコール依存症」を疑う。
④ 相談は、経験症例が豊富なので、精神科のドクターが最適である。

Ⅱ　天然介護

職員の声

声1　不眠症が人口の2割にもみられるとは驚いた。

答：時計・電灯やテレビのなかった昔には、不眠症もなかった——だって夜には夜の仕事（＝睡眠）しかなかったし、夕暮れからあくる朝まで半日もの間、ローソクをつけて「眠れない」と嘆くことは大変に贅沢なことであった。

声2　当のお年寄りは不眠症で悩んでいないのに、家族の都合で睡眠薬を用いるのはいけないことではないか？

答：QOL（生活の質）は、当のお年寄りと周辺の人と、両方にとって大事だ。寝ないで問題を起こす老人の"不寝番"の役を家族が勤め続けて良い訳はないだろう[2]。

声3　内科医よりも精神科医のほうが相談に適しているとは初耳だった。

答：不眠症は"長丁場の状態"である。いろんな症例・さまざまな薬の副作用を知っている精神科医ほど適当な相談相手はない。

声4　「過覚醒」って何だろう？

答：覚醒は"目覚めている"状態であって、私たちの普通の昼間の状態だ。過覚醒は、精神的緊張（覚醒水準）が異常に亢進した状態であり、ストレスに直面した時と同じ心身状態をもたらす。この結果、ストレスが去ったハズの後の夜でさえ、不安・不眠が残る。国の首相・軍事独裁者・大会社社長・人気アイドルなどは夜でもなかなか気が抜けるものではない。

1）新谷「認知症は治るか？」福祉における安全管理 #603，2017.
2）新谷「誰のQOLか？」ibid. # 643，2017.

福祉における安全管理 #642　2017・08・28

79

「ちび漏れ」への対応

　「おしも」のトラブルのうち、自分でなんとか処理できる範囲のものなら内緒事としてすまされるが、高齢者介護の場合、ここが問題となる。お年寄りは赤ちゃんとは違って、羞恥心は残っているのに「ちび漏れ」を他人に知られたくない思いが強いのだ。だから、ちび漏れしたパンツを引き出しの奥に隠す、などの行為はごくありふれた行為である。

　そもそも、私たちは生まれた赤ちゃんの時 100%「お漏らし」である。体の発育とともに膀胱（ぼうこう）も大きくなり、排尿を司（つかさど）る神経も発達し、お漏らしの頻度が減る。その頻度は、2歳で2人に1人、3歳で3人に1人……5歳で5人に1人程度である。夜尿症の頻度の目安は――幼稚園年長で15%、小学校6年で5%程度である――小学4年生の頃のあなた、世界地図を物干し竿（さお）で干されてみじめだった記憶はないだろうか？

　これほどに排尿習慣は生後遅く完成する代物（しろもの）なのである。そして、高齢になれば、何事によらず「赤ちゃん返りをする」のはやむを得ない。つまり老人は再び「ちび漏れ」から「全失禁」になる。長生きすれば誰でもこれを経験する。

　ここで「尿」に関する生理学を2つ3つ。尿は血液が腎臓で濾過（ろか）されてできる。濾過とは血液が「濾（こ）し取られること」で、赤血球や白血球などを残した水分が「原尿（げんにょう）」となる。これが体格にもよるが毎分約100cc。原尿の中にはまだブドウ糖などの栄養素がたくさん含まれているので、腎臓はそれを再吸収し、最終的には毎分約1ccの尿を膀胱へ送る。

　時計で1日は1440分、つまり、尿は「毎分1cc、1日1440cc ≒ 1.5リットル」と覚える。もちろんビールを飲んだかどうかによって尿量は変化するが、基礎は「1日1.5リットル」だ。

　さて、あなたは1日何回排尿するか？　そんなことを考えたことない？　では考えよう。(1) 起床時、(2) 勤め先に到着時、(3) 昼食前、(4) オヤツの頃、

（5）退勤前、（6）夕食後、そして（7）寝る前──全部で7回、こんなものだろう。では、1回に何ccの尿が出るか？　入院すれば測られるが、計算上は1500cc ÷ 7 ≒ 214cc……。オー！　これで常識に一致した成績が得られた。水洗トイレでは約200ccの尿を流すのに20倍の水（4〜6リットル）が使われる、すごいことだ!!

　そこで症例の相談に移ろう。デイサービスを利用されるAさま（86歳 女性 認知症 要介護2）はトイレに5分前に行ったにもかかわらず、すぐに「漏れてしまう」と言い、1人でトイレを独占するほどである。家庭でもそうだとの事。私たち職員の正しい対応法はどうするか？
　答えは目指す病気の種類によっていろいろだが、いま腎臓・膀胱・尿道の病気がないものとしよう。すると2つの状態が考えられる──

　① 神経因性膀胱＝膀胱に尿がどれだけ溜ったか、いつ排尿しようか、などの情報は「自律神経」が操作しているが、この神経が高齢になると弱まって「尿漏れ」となる。これを神経因性膀胱と呼ぶ。これに対してかなり有効な薬がある。
　② 認知症＝もし認知症とともに「お漏らし」が現れたのなら、認知症の特徴＝性格の先鋭化が関係してくる。つまりがんらい頻尿の傾向があった人なら、その傾向がより強調されるようになったと考えられ、程度の軽い認知症、とくにデイサービスでしばしば見られる。「お漏らしにつける薬はない」から"恥ずかしさ"を理解してあげる。この場合、大事な事は病気への理解と本人への配慮であろう。どんな場合でも、本人の精神的な負担を軽くしてあげる「言葉掛け」が大切である。

　とくにあなたは介護に関心があれば、頭の中で暗算してみよう。
　5分の間に生じる尿量は5cc、つまり大匙2杯くらい？　そんなものをいきんで排尿できると思うか？　無理だね。つまり、Aさまは「身の置き所のない無目的な行動」をしている訳だ。こんな場合、認知症の対応として「体に危険の無いように見守る」ことが大事だろう。言うは易く、行うは難いことだ。私ど

もの失敗例をお伝えしよう。95歳のちび漏れの女性が先月、介護士とトイレに同室することを拒み、希望どおり1人にしたとたん、中で転倒・骨折という例に出合った。これもすべて介護する人の一瞬の気の緩みのせいであった。

あっさり「失禁」ならこんなことにならないだろうが、「ちび漏れ」は心理的にとても危険な状態である。上記の尿生成の生理学を思い出して賢く対応することにしよう。

職員の声

声1　トイレから戻ったばかりなのに、間髪を入れずまた行きたいとおっしゃる方があり、私はやり切れない思いだけれど、家ではご家族だって大変なのだろう。

答：あなたは偉い！

声2　私もご利用者の頻尿にお手上げだ、声掛け以外につける薬はないだろうか？

答：ひどい場合は泌尿器科を奨める……尿路括約筋を強める薬がある。

声3　「デイパンツ」を偏見なしに使うことをお奨めしたら、感謝の言葉を受けた。

答：欧米では何時間もかかるオペラの観賞に高齢者が来るのをよく見かけるが、デイパンツがよく利用されている。

声4　「ちび漏れ」が進行すれば「おお漏れ」になるのか？

答：寿命の晩期を代表するトラブルが「排尿障害」「床ずれ」「嚥下障害」の3つである……体重も軽くなり、体格指数は12に近づき、逝く日が近づく＊。静かに暖かく見守ってあげよう。

＊新谷「天寿の終点はB.M.I.≒12」福祉における安全管理 #33, 2010.

福祉における安全管理 #655　2018・1・6

II　天然介護

オムツと心の備え

　それは私が中学2年の頃だった（1946年）。祖父が病に倒れ、寒い冬の夜に亡くなった。その前の半月の間、母が祖父に使った「布オムツ」を洗濯しては竹竿に干している姿を見かけた。他の洗濯物とは干す場所が違っていたので私の記憶に残っていたのかも知れない。母は冬空のもと寒かっただろう……その頃には当たり前の光景だったのかも知れない。

　それから10年以上もたった頃、アルバイト先の病院風景（1958年）であるが、患者さんは1部屋6人、寒い冬でも部屋の中央に炭火鉢が1個あるのみ。お漏らしをする人には「布オムツ」と「ゴム引きのベッドシーツ」で、冷たく震えあがる冬景色だった。濡れたオムツはオバサンがたが洗って干していた。すべて古式ゆかしい昔通りだった。その頃の状況はそんなものだったと思う。

　さらに時は10年過ぎゆき1968年、所はアメリカに向かうジェット旅客機（DC-8）の中……太平洋の雲の上で、1歳半の私の次女は窓から差し込む光の中でうとうと眠っていた。やがてオムツの取り換え時間が来たので私は航空会社から支給された「真新しい紙オムツ」を当て替えた！　そうなのだ、当時のオムツもまだ原則「布」だった。晴れの飛行機旅行だからこそ「紙オムツの贅沢」を許してもらったのであって、今でもその「文明開化の喜び」を忘れてはいない。

　以後の日本はバブル期の過剰から驚くべき現在の贅沢への道を歩んだ。3つのハイライトをたどってみると──

　① 1990（平成2）年、それまで輸入に頼っていた幼児用「紙パンツ」の"国産化"が実現・発売されるに至った。

　② その4年後の1994年、大人用の「紙パンツ」が近所のスーパーで大売り出され、誰が使うのか、私はビックリしたのを覚えている。

　③ その5年後の1999年は「特別養護老人ホームパール代官山」の開設だった。まだ「布」オムツが原則であり、濡れたオムツはそのまま業者に引き取ら

れ、料金を支払って再利用していた。まだ紙オムツは高かったからである。

何もオムツに限らない……フト私は昔と今を比べて罰当たりと思えるほどの豊かな環境を感じるひと時がある――

まずはお年寄りを取り巻く「暖冷房」。上に書いたように、冬の寒い夜を「濡れた布オムツとゴム合羽」のベッドシーツで過ごしたお年寄りたち……昔老人は暖房の無い冬、寒さにこごえて死んだ。夏は夏で『徒然草』に書かれているように、暑さに蒸され、脱水で老人は沢山死んだ。それに対して今の衣食住と医療・介護の進歩は夢・幻か？ 今老人はエアコンに守られ死ななくなった――凄いことではないか！

でも私は気持ちを引き締めたい。環境の平和は打ち続く事件により絶えず危機にさらされている → 世界パニック（1929年）、原爆（1945年）、バブル崩壊（1989年）、リーマンショック（2008年）、東北大震災（2011年）、……私たちは予言・予想だけでなく、常に「あらゆる状態は起こりうる」「それに備える」心を持つべきと感じる。

老婆心ながら私は言いたい。不満を言い出したら世の中「不平だらけ」。皆さん、過去を知り、先を読み、危機に備える心を忘れてはならないよ！

職員の声

声1 「布」オムツの特徴は――ウンチを取り除くのも洗うのも大変、干す場所がない、なかなか乾かない、着心地が悪く重くゴワゴワ、オムツ・カバーから漏れる尿、なんとも気の重いめんどうだった布オムツ！

答：紙オムツは暖かいけれど値段は高いし、あとの処理が大変。

声2 パールの開設時（1999年）基本は布オムツだと聞きビックリ。それが全部「紙」に換わったのが数年後と聞き、2度ビックリ！

答：水道の無かった徳川時代、布オムツを釣瓶汲みの井戸水で誰が洗ったと思うか？ 老人はオムツになったら、もう生きて行けなかったのだ。

声3 「布」が「紙」に換わった事で最大のメリットは「疥癬(かいせん)」の拡散が抑えられた事だった！
答：パール開設の頃、疥癬が2例発生、3カ月の間入浴管理・面会謝絶などパニック状態だった。
声4 もし老人介護の世界から紙オムツが消えたらどうなるか？
答：今更、布オムツには戻れないだろう——私らは贅沢に溺(おぼ)れず危機感を持ってケアに当たっていくべきだと感じる。

福祉における安全管理 #407　2013・4・6

やさしく無視する

在宅ケアの例をお示ししよう。

それまで優雅さと気品に満ちた女性（Nさん、77歳女性）が、昨年の暮れ、尻餅・転倒を機に、金銭と健康の不安が急速に進み、希死願望が強まった。衣服やお化粧に無頓着、生活全般で介護士へ依存しきるようになった。

この例は介護士のケア対応限度を越えていると思われるので、精神科医O先生のご意見を頂いた。そのお話はとても教訓的だった……日本人は一生のあいだ、ウツにかかる人の割合が3割くらいあるそうだ。だからこのお話はあなたの勤務周辺または在宅ケアの中できっと応用できると思う。

O先生のお話

この77歳のNさんはウツ（鬱）を発症されたのだろう。ウツは中学1年生の頃から全年齢にわたり発生する。一見、元気そうに見えるが、本人は山の上、テッペンで独りぼっちなのである。そこで、ウツに良く見られる「2つのタイプ」とその特徴を説明しよう。

（1）治りにくいタイプ

（A）原因が「環境」にある場合：たとえば、性格的に自分と合わなくて"耐えられない"と思う仕事や上司がある場合の治療は、その「原因の除去」をしないと"治らない"。また、自分の能力を越えている仕事の従事などもその原因を取り除かない限り"治らない"。

（B）原因が「心」にある場合：単に悩みを聞いてあげるだけではダメ！正しい資格のある精神科医のカウセリングが必須である——そして「出口」（＝治療目標）の設定が大切だ。

もし相談相手が内科医であれば、彼は親切に診て下さるだろうが、大抵は「安定剤」で様子を見る——それでは症状はますます悪化する。ここで必要なことは、正しい「抗うつ薬」でキチンと治療することだ。内科医は一般になれ

ていない。

（2）治るタイプ

　初診の初期で、治るタイプか治らぬタイプかがすぐには判然としない場合もある……そんな場合であっても、初期薬効の成績によって、治るタイプであることが判明する。仮に「治るタイプだ」と判明しても、患者さんは全力を挙げてウツと戦っているのであり、決して「頑張ってね」と「叱咤激励」してはならない。

　その理由は、マラソンでゴールインした時に、もう一度走り直せ！　と激励するようなもので、患者さんはそれを聞くとへたって絶望してしまう。同情したり、気分転換（温泉など）を勧めても患者さんは疲れるだけだ！　薬を３カ月、キチンと使いながら「やさしく無視」するのが最大のコツであり、こうすれば、基本的には３カ月で治る。あとの３カ月は経過観察、計６カ月で終了する。

　先生のお話をきいていて私は思った──ウツを医師に紹介する場合の大事なコツは、ドクターなら誰でも良い、と安易に考えては良い結果が得られないのだ。　人気のある精神科医であっても、ベルトコンベアの診療はダメらしい！　先生は、初診時に50分掛けて、上記の「治る・治らないタイプ」の鑑別をしっかりしながら裏にある事情を訊き出す、とおっしゃっていた。ウツの背景は通常たいへん深く複雑だから、それを一般外来の３分診療で見つけ出すのはとても困難なようである。

　キチンと予約時間の取れる初期診療システムを探すのが最大の問題解決に繋がるようだ。介護の場で「ウツっぽい仲間や関係者」に出会う事もあるが、不断の会話や相談で「優しく見守って知らん顔をする」ことは気をつけなければならない大事な心得であることだと思った。

要約

① ウツは中学1年生の頃から以後全年齢に亘って発生する。
② 治りにくいタイプのウツは「環境」と「心」の不安定さを是正する必要が あり、"安定剤"でごまかしては悪化するのみである。
③ 適格な"抗うつ薬"を3カ月几帳面（きちょうめん）に用い、対応は「優しく無視」することが必要で、決して「頑張ってね！」と激励してはならない。

職員の声

声1　ウツってどんな病気なのか？
答：精神の不調原因は不明なものが多いが、「了解不能」という言葉を分母（ぶんぼ）として臨床を数式で表せば大まかに次のようになる――認知症＝了解不能／了解不能、統合失調＝妄想／了解不能、ウツ＝極小気分／了解不能 *。
声2　だから無関心な無視ではなく「やさしく無視」が有効なのか、良いことを聞いた。
答：ドクターにとってみれば、ご自分の家族の一員という扱いになる。干渉しすぎず、しかし離れず見守る。
声3　病気の人には、ふつう「頑張ってね」と励ます。なのに、ウツの場合には励ましては逆効果なんて、初めて聞く。
答：励ました結果自殺、という例は沢山ある。頑張ってねは"禁句"だ！！
声4　ウツかどうかの判断は難しいので、ドクターにバトンタッチ。特に「死にたい！」と言う人なら、なおさら。
答：日本で死亡原因の5位はウツによる自殺、年間3万人に及ぶ。その目でみつめ、助けてあげよう。

＊新谷「了解不能の臨床」福祉における安全管理 #617，2017..

福祉における安全管理 #594　2017・10・30

Ⅱ　天然介護

しつこい腰痛：微細骨折

　お年寄りでは「しつこい腰痛」を訴える方はたくさんある。
　M. Y. さんは79歳女性、認知症、要介護5。3年前から腰痛が出没、だんだん強くなり、ひと月前から鎮痛剤・座薬なども助けにならず、大病院の整形外科を受診。第三腰椎(ようつい)の疲労骨折と全身性の骨粗鬆症(こつそしょうしょう)によって骨がボロボロだとの診断、ビタミンDが処方された。どう理解すべきだろうか？　パール嘱託医の整形外科医Y先生に解説をお願いした。

　Y先生──人の体の細胞はすべて50歳前後から老化の変化が目立ち始める。つまり筋肉は痩せ、代謝は落ち、骨粗鬆症が始まり、骨は変形してくる……これは誰でも起こることだ。脊椎(せきつい)はカルシウムの減少を反映して小さくなり、椎間板(ついかんばん)も乾燥して圧迫変形を受け、特に前方が潰れてくる（図）。

　齢(よわい)とともに脊椎には、レントゲンやＣＴで見ても分からないような"小さい骨折"が生じてくる。これを微細骨折と呼び、老人のすべてに必ずある！"わたしゃー元気だよ"と思っても、実は体の内でこれは進行していく。これは人間の老化による自然現象であって病気とは言えない。

　ところが、加齢によってこの微細骨折が重なると、肥満・姿勢・運動要素などの影響も加わって骨は変形し、僅かな誘因で大きな骨折が発生する。これにより周辺の神経圧迫・疼痛(とうつう)・筋肉萎縮などの悪循環が始まる。人間の腰痛は他の動物とは違って、立位・二足歩行の習性により必然的に発生して

図　腰椎圧迫骨折

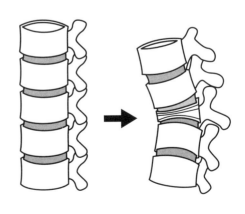

くる悩みの種なのである。そのうえ、ほかの動物には存在しない「更年期後の長寿・認知症」というダブルパンチが加わり、その対応は困難を極める。

大抵の人は気付いていないが、若い25歳の頃に比べ老人になれば、身長は5〜6cmほど縮む。なぜなら長い年月の重量負荷による微細骨折が積み重なって脊椎骨は圧縮・破壊され、椎間板も圧縮・菲薄化されるからである。頭の骨は重量負荷を受けないからサイズは変らないが、脊椎骨は重さを受けて短縮・変形・湾曲し、老人の後ろ姿を見ると、7等身だったものが6等身へ、人によって5等身の"ずんぐり・むっくり"に変わってしまう。

残念ながら、モノは使えば減っていくのが道理だ。人が子孫を産み終わる更年期以後の長寿になれば、体の組織は摩耗、「遺伝子」の活性は鈍化[1]、骨の異変は自動的な補正がなされなくなる。かくして今のところ、「加齢に伴う微細骨折」を止める有効な手段はない！ しかし対応法ならある。つまり──

対応①：脊椎骨に過剰な負荷を強いる「肥満」を避けること

ただし"適切な運動負荷"は大事だ、なぜなら、骨と筋肉は"使わないと衰えていく"からである[2][3]。体の運動が骨や筋肉へ与える負担を観察すると、横になっている時の負担を「1」とすれば、座位で「1.5」、歩くで「3」程度になる──ここでも正しく運動することの意味が強調される。

対応②：「良い姿勢」が大事だ

不自然な体位をとる習慣は禁物だ──たとえば、側弯がそれである。側弯とは、人の体を後ろから見て、背骨が曲がっている状態である。バランスの異常は肩や骨盤の位置まで伝染し、姿勢・歩行・転倒などの障害に繋がっていく。

対応③：車椅子を利用する人の背中をまっすぐ保つこと

これも微細骨折の不均衡を防ぐことに役立つので、姿勢を崩さないように指導しよう。

「腰痛」は大抵の老人には付きものであり、これに認知症が加わると事態は複雑化する。ご存知のように、認知症の主体は大脳細胞の減少によるものであって、腰痛との直接関与はない。しかし認知症には「周辺症状」というものがあって、それによって"不穏・妄想・脱抑制"などが進行する。並みの腰痛

であってもその訴え方は"並み"を越えてしつこくなる。ケアをする職員は何が何処まで異常なのかが判別できなくなるほどとなる。

　冒頭に記述した M．Y. さんの場合は、

　検査によって高度の骨粗鬆症を伴う腰椎の圧迫骨折であることが判明した。対応として、高度な認知症に外科的侵襲は必ずしも適応ではなく、仮にこれを行っても"認知症と術後のリハビリ行為"は水と油、なじみ合わない。鎮痛剤などの対応は十分に有効でないことが分かっている。

　つまり通常の整形外科的な対応は「お手あげ」である。では、どんな手を打つべきか？　この例では、認知症の周辺症状が事態を悪化させているとみられるので、精神科的な対応に解決を求めるのが適当だと思われるが、悩みは尽きない。

要約

① 微細骨折は無自覚の加齢現象であり、更年期後の誰にも発生する。その積み重なりによって腰椎の疲労・圧迫骨折が発生する。

② 人は、他の動物と異なり二足歩行で、老後の長寿化・認知症の重複というダブルパンチにより"しつこい腰痛"が少なくない。

③ 対応は整形外科的のほか、認知症の周辺症状の観点で行うが、悩みは尽きない。

職員の声

声1　"身長は毎年減って行く"とはショックだ！　私は腰痛コルセットをしているが、骨のレントゲン所見を見るたびにイヤになる。

答：大抵の人は変更できない健康上の現実を受け入れようと努力している……あきらめるのではなく、素直になろう。

声2　私は"しつこい腰痛"を4回やったが、ナゼそんなに回数が多いのか？

答：1つの腰椎は何回にも亘って崩れて行くし、骨折する腰椎は5個あるので、腰痛はふつう何回も発生する……本文の図で現実を受け入れよう。

声3　一番良い対応は、正しい姿勢を保ち程よい運動をすること、それも自発的に行うことか？

答：ふだん畳や腰掛に座った時注意するのが一番良い……動物には無い人間の立位・二足歩行による有難みを活かしてはどうか？

声4　カルシウムやビタミンDを摂取すれば骨粗鬆症を克服できるか？

答：薬を推奨するのはほとんどが営利会社の広告である……大抵は薬剤の過剰摂取になるだけであり、水溶性薬剤なら尿・便に排泄されるのみだ。その人の年齢にふさわしい食生活と運動のみが正解である。

参考：地球の上高く、半年・1年と周回する「宇宙船」、あの中は無重力の世界であり、人の骨は重力保護のご用がなくなって骨粗鬆症・筋力低下に陥る……それの防止には薬のほか、姿勢・運動の配慮が行われている。

1）新谷「三つの寿命」福祉における安全管理 #228, 2011.
2）新谷「残存機能の保持」ibid. #151, 2011.
3）新谷「筋トレへの知識」ibid. #638, 2017.

福祉における安全管理 #647　2017・09・23

拘縮とは何か？ その対応

　認知症デイサービスのKさま（85歳 女性）は、半年前から左右とも上肢の拘縮が進行し、肘の伸展がほとんど不可能な状態になった。リハビリをすればどの程度治るのだろうか？ これは職員たちの率直な疑問だろう。パール嘱託医の整形外科Y先生にご意見を聞いてみた。

　Y先生：関節の中で接触する骨同士が固まった状態を「強直」と呼ぶ。その前段階が「拘縮」である。麻痺・高齢などによって、筋肉や関節を使わない状態が続くと、関節嚢（2つの骨があい接触する関節部を袋状に包む組織）の軟部組織が廃用萎縮によって硬くなり、その結果関節嚢内にある骨の動ける範囲が狭まってくる。

　関節の周辺に付着する筋肉は「拮抗筋群（伸びる筋肉、縮む筋肉）」であり、人体では「屈筋」のほうが強力であるため、屈筋が伸筋の力を負かして収縮状態で固まろうとする──この状態が「拘縮」である。つまり拘縮とは四肢の関節が「屈曲位」で拘縮する訳だ。これが高度になって固定化すれば「強直」となる。

　時に、ご利用者の入所時の所見として、両膝を曲げしかも両膝がくっついて開かない高齢者を迎えることがある。こういう方の"おしも"のお世話には苦労が重なる──その実態は「拘縮」を通り越して「強直」のことが多いが、もし対策があるとすれば、硬化した腱を切開することの適応がある──が、ご家族は大抵困惑されてしまう。

　初期のうちは、観察者ご利用者の肘や膝を動かそうとすると、滑らかさのない「ギー」というような抵抗を感じる。それが進行すると「拘縮」、さらに進行すると「強直」である。強直の場合、収縮した筋肉が「腱組織」のように硬化し、関節はビクとも動かなくなる。典型的な姿は「子宮内の赤ちゃん」のような縮こまった四肢状態の姿になる。

ご家族は「動かせば動かすほど良い」と注文されることがあるが、運動や
マッサージなど、「何ごとにも適度がある」と知るべきだ——やりすぎの運動
はかえって逆効果を生む。拘縮は大きい関節のほうが小さい関節より先に起こ
る。また、下肢は通常座った姿勢であまり動かさないから上肢よりも先に拘縮
が起こる……つまり膝と腰が先、続いて肘と肩、要するに「動かない水は早く
凍る」ということだ。

　これを防ぐための対応は、「関節を使い、その血液循環をよくすること」に
尽きる。自分自身で関節運動を行うのが一番良いが、それが困難であれば他
動的にマッサージなどで補助する。関節運動は「やり足らないのはいけない」。
しかしやりすぎるのは最悪だ！　なぜなら、やりすぎると、仮骨ができ、筋肉
炎を起こし、かえって拘縮が進行してしまう。適度な運動量は個人別に定める
ほかの名案はない。
　ご質問のKさまの場合も、基礎疾患の脳梗塞・本人の意欲・周辺の協力程度
などに応じて対応するのがベストのようである。ご家族は、「寝たきりにする
と拘縮が訪れる」という理由を良く理解しよう。そこで整形外科の知恵では誰
もが学ばなければならない「ルー（Roux）の法則」やりすぎない、適切な対
応をおさらいする[1]~[4]。

> **要約**
>
> 　適宜な運動量を設定するための法則は、3つの叙述より成る——
> ① 身体（筋肉）の機能は過度に使えば障害を起こす。
> ② 使わなければ萎縮（退化）し、
> ③ 適度に使うと発達する。
> ……この「ルーの法則」は筋肉生理学の教えであるが、実際には私た
> 　ちの生活のどんな行為にも応用の効く法則だと思われる。たとえ
> 　ば、勤勉・娯楽・ジョッギング・脳トレ・食事・睡眠……大抵の
> 　ことに応用が利く法則である。

Ⅱ　天然介護

職員の声

声1　私はパールへの入職時の研修で初めて「拘縮」を学び、そんなことが起こるとは？　と驚いた。

答：病気の人が安静を守ることは理に叶うけれど、「拘縮」という"伏兵"がいることに気を付けよう。

声2　関節の固まりは"大きな関節"（腰や膝）から"小さな関節"（肩や肘）へ進行するのか？

答：その通り。関節の固まりもルー（Roux）の第2法則通りに従う訳で、つまり「何事にも適度がある」（第3法則）ということをも学ぶ。

声3　拘縮は老人だけに起こる現象か？

答：誰にでも起こる。たとえば、若者のスキーの事故などで関節を長期に亘って固定すれば拘縮が発生する。また、宇宙飛行士は、飛行中、重力に対する運動機能がゼロになるので、地球に帰って来た後もリハビリが必須となる。

声4　強いストレッチ・リハビリよりも、軽いストレッチを毎日のほうが効果的か？

答：もちろんのことだ。つまり「日常生活の中にリハビリを組み込むこと」が一番効果的なのである。

---

1) 新谷「ルー（Roux）と智恵」福祉における安全管理 #45, 2010.
2) 新谷「介護の不足と過剰」ibid. #74, 2010.
3) 新谷「残存機能の保持」ibid. #151, 2011.
4) 新谷「筋トレと脳トレ」ibid. #334, 2016.

福祉における安全管理 #653　2017・12・04

超高齢者のリハビリ

　現代の日本女性は世界一長生きの記録を 25 年連続 1 位で保持しており、やがて現在の平均寿命 87 歳を超えて 90 歳以上になる日が来るだろう。

　平均年齢が 90 歳ということは、100 歳を超す人も多数あるということだ。1951 年（昭和 26 年）の女性の平均年齢は 49 歳だったので、「遥けくも来つるものかな！」と思わず驚嘆の目を見張る。でも人が 90 歳を超えることは、やはりタダの路を歩んで来た訳ではない。

　超高齢者への適切な対応はその道の経験者に訊けば良い。だが一昔前まで、対象の 90 歳を超える超高齢のお年よりは多くなかったし、診療に携わる医師であっても「元気な」超高齢者を看る機会は少なく、また適格な「運動のアドバイス」をなさる経験も少なかっただろう。元気な老人を病気の老人と同じ目で見るのも不見識だし、超高齢の「生理学」も十分理解されているとは言い難い。パールの「特養」でも近年 90 歳代の人達が半数を越え、この人たちに必要な常識的な中庸のリハビリとは何であろう？　と思い悩む日々が続いている。

　現実の例を挙げれば、標準的な食事のカロリーは 70 歳代までは国が標準の一覧表をこしらえて準備しているが、80 歳代以上については空白であり、これは諸外国についても同様である。超高齢者の身長・体重・各臓器の機能正常値などは発表されていない……それは病気その他の個人差要因が大きいからであろう。このことはリハビリについても同様であるから、高齢者への対応は若年・中年で得られる知識の延長線上で対応を考えるほかに良い方法はない。そこでリハビリについて常識的に推測できる事実を述べる。

　① 人は高齢になると、誰でも体の細胞数が減り、痩せてくる。つまり脳細胞も筋肉細胞も減ってくる……言ってみれば、全身の馬力が落ちるのだ。たとえば、人の細胞数は 25 歳をピークとして、後はチビチビと減っていく。筋肉

の場合、70歳で1/2に、100歳で1/4に落ち込む。だからご存知のように運動選手といえども活動のピークは長くはない。

　これは生理的な加齢現象であって、誰にも起こることだから、気にしてもしょうがない。もし歳を取っても体重が減らない人があるなら、それは「脂肪組織」が体重を補っているのである。脂肪は筋肉と異なり、運動機能を持たないから、階段の昇降は苦手になってしまう。

　ここで、ウンチの成分を参考にしよう。一番多いのが水分（60％）、次が腸壁細胞の死骸（20％）、大腸菌類の死骸（15％）、そして食物カスは僅か（5％）……ウンチは大部分が「食べカス」かと思う人が多いが、水分を除く半分は腸壁の死骸なのだ！　にもかかわらず、私たちの腸壁細胞の喪失は健全に補われている！！　信じ難いことだが、それほどまでに私たちの体は細胞の大量喪失〜〜大量補給のバランスの中で生きているのである。超高齢者の体の中で、はたして喪失に見合う補給が順調に行われていると思いますか？

　② リハビリテーションという言葉は、「リ」と「ハビル」の2つの合成語である。「リ」は「再び」、「ハビル」は「動かし得る、適応させる」というラテン語。つまり、怪我や脳卒中でいったん動かなくなった体を再び動くようにするのがリハビリの「本来の意味」である。多くの人は「リハ」とは「筋トレ」、つまり「筋肉を鍛錬して増やすことと考えているようだが、それは間違った理解である。」

　事故にも遇わず、高齢だけが理由でだんだん動かなくなった体はそれこそ天然現象そのものであり、リハビリの必要性がどこにあるのだろうか？　「リハ」という片仮名が一人歩きすると、「リハ」の元々の意味が分からなくなってしまうようだ。

　ところが、人々は高齢者にリハビリを奨める。それは若かりし頃の華やかさを今一度、という願望によるものだろうが、筋肉が1/2から1/4に減っているのにそれを若返らせるのはキツイ仕事だ。老人の筋肉運動は、心地よく本人が「充足感」を感じる程度に限って行うのがベストなのである。もし、運動を行わ

ないと「廃用萎縮」に陥るが、「やりすぎる」と筋細胞は破損されてしまう[2]。

　高齢者のリハビリは「自分で出来る能力を温存すること」に尽きるのだ。その目標を、その人らしく設定し、ルー（Roux）の法則[1]にのっとってほどよく行うのが一番賢いやりである。

要約

① 人の筋肉は70歳で1/2に、100歳で1/4に減り、体重も脂肪組織で徐々に置き換えられる。
②「リハビリとは筋肉を鍛錬して増やすという理解」は間違いであり、老人を鍛錬すると「へたる」のみである。
③ 運動は、その人らしく目標を設定し、ルー（Roux）の法則にのっとって賢く行うべきであろう。

職員の声

声1　普段実行していないことをリハビリで補おうとするのは所詮ムリではないか？
答：今出来ていることを持続できるようにすることが老人リハの目標であろう……ルーの法則こそが頼りになる。
声2　「筋肉は鍛えればいつでも増えるし、その後はそれを維持すれば良い」と私は思っていたのだが、それは間違いか？
答：先回お話ししたように、筋肉は25歳で絶頂に、以後衰え始め75歳で1/2に、100歳で1/4に減る——この流れに逆らう人の寿命は短縮する傾向がある。
声3　私の個人的な経験談——入院していたある高齢者、自己判断で毎日リハビリに熱心だったが、ある日の朝、死亡・退院なさっていた……ご家族希望のムリなリハビリ希望だったのだろうか？
答：因果関係は推定するしかないが、ショッキングな経験でしたね。

声4　超高齢者を観察していると、「長生きは辛い」とおっしゃる方が多いが、現状温存のリハビリは必要なのか？

答：「元気で長生き」な人は稀、よって「辛くても長生き」のほうを受け入れざるを得ない――そんな方のリハビリは適応の有無をよくよく検討するのがよい。

1) 新谷「筋トレとルーの法則」福祉における安全管理 #638, 2017.

福祉における安全管理 #651　2017・11・23

痛み止めについて

　医療のそもそもの始まりは「痛みを止めること」だったそうである。

　近年人は長命になって「痛み」、特に「関節痛と神経・筋肉痛」を訴えるお年寄りがいっぱいになった。パールの症例では「変形性腰椎症・膝関節症」の方が圧倒的に多い。従来の飲み薬の鎮痛剤では「胃がやられる」ことも多く、"関節も胃も痛む"という難儀な目にあって困っておられる。

　痛み止めは多かれ少なかれ有効であるが、同時に「習慣性」「依存性」の点でも多くの問題を抱えている。今日はパールの整形外科嘱託医Y先生のご意見を伺って、痛み止め薬の選び方の要領を伺った。

　先生：昔の鎮痛剤は、100年以上も前から愛用されている"アスピリン系"が有名だった。現在の鎮痛剤を次の3群に分けて理解する。

　① **エヌ・サイズ**（非ステロイド性・抗炎症薬）（N–SAIDs：Non-Steroidal Anti-Inflammatory Drugs、頭文字を用いた略語）とは、抗炎症作用、鎮痛作用、解熱作用を有する薬剤の総称で、広義には"ステロイドではない抗炎症薬すべて"を含む──バファリン、ボルタレン、ロキソニンなど市販薬が100種類以上ある。

　② **オピオイド**（アヘン類似性鎮痛薬）──アヘン類似薬でかなり使用制限付きのペンタジン、トラマドール、オキシコドンなど。

　③ **オピウム**（アヘン、オピスタンなどの麻薬）──麻薬免許保持者・施設でなければ処方できない。

　一般の人は、「なぜ一番よく効く薬が常用されないのか？」と不思議がるかも知れない。事故または戦傷による傷の痛み止めは人類の歴史と同じほど古く、国や地域によって「特効薬」が用いられてきたが、いずれも「効かない」か、もし効けば「習慣性」と「依存性」で問題が長引いた。したがって、現在でも鎮痛薬は①、②、③の順番で用いられ、その順に監視の目が厳しくなる。

II　天然介護

　注意（1）日常生活の中での痛み止めは「エヌ・サイズ」で事足りる。という か、足らすべきである。なぜなら、痛みは身体の異常を知らせる警戒警報の 役目を担っているからである。

　心理的な痛みが疑われる場合なら、心理鎮静の対応をする（プラセボなど [1、2]）。老人の腰痛・肩痛などの痛みなら、その原因を推定しながらエヌ・サイ ズを用いる。製剤は「飲み薬、注射、座薬、貼り薬」など、いろいろある。頻 用される薬であるけれど、エヌ・サイズは痛みの根本を治す薬ではないし、人 によっては種々の副作用があり、十分気をつけて用いる必要がある（例：過敏 症、悪心、嘔吐、胃痛、眠気、転倒など）。

　注意（2）オピオイドとオピウムは、主として病院処方で用いられる。これ らは鎮痛作用が強いけれど、副作用としての「依存性中毒」のコントロールが 難しいので、一般薬としての使用はできない。よく社会問題が発生するが、そ れは地下に潜って取引される②、③の薬物である。

　老人はギックリ腰・シクシク肩などの痛みを強く訴えることがある。我慢す れば1週間程度で自然に治まる場合もあるが、痛みが長く続く場合は医師に相 談しよう。なるべくオピオイドを使わないようにし、常に薬の副作用を念頭に 置く。

　注意（3）癌末期に用いられるオピウム（麻薬）は、欧米では日本の10倍 以上の用量が普通であるが、日本ではその用量が少なく、次の（イ）と（ロ） の選択のうち（イ）が選ばれるようだ。（イ）痛みは残るが長生きしたあとで 死ぬ。（ロ）痛みは消えるが麻薬中毒になって早めに生命が終わる……どちら を選ぶかは社会的な意見で決まる。

要約

> ① 痛み止めは3種類に分けられる――（A）非ステロイド性・抗炎 症薬（エヌ・サイズ）、（B）オピオイド（アヘン類似性鎮痛薬）、（C） オピウム（アヘンなどの麻薬）。

② 鎮痛効果は（A）＜（B）＜（C）。しかし胃腸症・習慣性・依存性などの副作用も（A）＜（B）＜（C）。市中での利用は主に（A）であり、（B）・（C）は病院での処方となる。
③ よく用いられる（A）は多種類が販売され、自分にとって効果が優れ、副作用の少ない物を見つけて納得することが大事である。

職員の声

声1　薬を飲むと副作用……それを抑えるために別の薬が追加され……効かなくなるとまた別の薬……どこまで続くのか？

答：薬の効果は試行錯誤の繰り返しだ、だからむしろ発想の転換をしよう。もし江戸時代に生まれていたら、効く薬なんて無かった。

声2　私は「痛み止め」は飲まないほうが良いと思っているのですが……。

答：問題は“副作用の有無”であり、妥協点を見つけましょう。人間の老年期は50年もあるので使わない訳にはいきますまい。

声3　痛みは病気の「警戒警報」であるから、痛みを抑えるだけに注意を向けず、痛みの原因は何か？　を常に考えたい。

答：痛み止めは原因治療ではないことをよく理解しておこう。

声4　昔使われた「ヒロポン」とは？

答：シャブの一種で疲労がポンととれる覚せい剤……、その強い習慣性・依存性のために人生が終わってしまう……特攻隊が敵の銃撃を怖がらないようにするために用いられた。

福祉における安全管理 #654　2017・11・27

Ⅱ　天然介護

入浴と洗浄と知恵

　パールが始まって以来 17 年目になり、初期の混乱はもう嘘のように遠くなった。新しく入社された若い職員も増え、先輩からの「語り継ぎ」で仕事をこなしている職員が大部分だが、ここで 入浴の「おさらい」をしてみよう。

　お年寄りや病気の人の入浴問題はよく情報誌に取り上げられているが[1]、次の 3 点は新しい話題になろうかと思う[2] [3] [4]。

① 入浴と言えば「体をきれいにする」こと

　だが、洗いすぎは危険である。 不注意に洗えばむしろ「汚くなる」のだ。正常なしっとりした肌は、皮膚の表面に皮膚常在ブドウ球菌というバイ菌が住んでいて、これが皮膚の脂肪を餌にして、脂肪酸の酸性膜をつくり、アレルゲンや悪いバイ菌を撥ね除けている。脂肪酸があると、水分は抜けないので、しっとりした肌となる。不用意に洗うと皮膚常在菌が流されて、角質がバラバラになるし、アレルゲンが入って来てアトピーになりやすく、水分が抜けるからドライスキンだ。日本人でドライスキンが非常に多いのは、洗いすぎによる！ そして乾燥肌用クリームを塗りこむ二重の手間！

　藤田紘一郎先生は[4]、お風呂に入るのは毎日でも構わないけれど、石鹸で洗うのは 3 日に 1 度とか、ずっと石鹸を使わないとか、このほうが皮膚には優しい、とおっしゃっている。シャンプーで洗うなんてトンデモナイのだ！ 皮膚常在菌が洗い流されないような方法を考えよう。

　ゴシゴシ擦って垢を剝き取る人もあるが、皮膚細胞は一生に 50 回程度しか補給されない[5]。若いうちに剝きすぎると、歳をとって新しい皮膚細胞の補給は断たれ、皮膚はテカテカに光り、わずかなムリで皮膚はすり切れ出血してしまう。

② 今、お風呂の回数は毎日であっても「当たり前」の時代である

　だが、エネルギー事情を考えれば、考えものだ！ 日本が豊かになる前には

103

せいぜい週に1度の入浴だった。だって、お風呂を1回沸かすためには、直径30 cmの薪束が2～3束必要だからである。江戸の人口100万人なら、ひと風呂につき5万本くらいの木が山から消える。つまり入浴＝山禿げを覚悟しなければならなかった。今の日本は石油や天然ガスを利用するので空中の炭酸ガスを増やしても、山禿げは防がれているが、全世界的に見て毎日の入浴がいつまでも許される訳はない。毎日入浴は決して「当たり前」ではなく、資源的に見て大変な贅沢であることを自覚しよう！

③ ケチな気分が昂じると、昔の人たちはどうしていたのか

千年前の「清少納言」（＝枕草子）時代には「たらい行水」だった。500年前のフランス王ルイ14世が7歳の時初めて入浴したとの記録がある。つまり風呂に入らないとバッチイけれど「死にゃせん！」のだ。習慣とは恐ろしいものである。

30年前（1985年）、日本のバブルが真っ盛りの頃、女の子たちに「朝シャン」という流行があって、学校や職場に行くまえ、彼女たちはシャンプーで髪の毛を洗い、「肩のフケ もうナシね！」と言って清潔さを誇った。つまり、それ以前の女の子の肩には「フケが落ちているのは当たり前」だったのだ。それもこれも「流行」だったのである。髪を洗いすぎると、毛根に含まれる大事な物質（残存脂肪・白血球・免疫物質など）が流失し、それこそ皮膚と毛髪の寿命が縮んでしまう。男性の匂いを消すために、頭髪の毛根まで徹底的に洗浄しよう、という広告もあるが、トンデモナイのだ！

業者はシャンプーを売りつけて儲ける。ご家族は"親孝行"と信じて石鹸でなくシャンプーでお年寄りをピカピカに磨く。肝心のお年寄りはドライスキンで、皮膚脂肪も枯渇して弱り果てる。こんなことがないように、ご家族も職員も賢くなろうではないか。だって、「昔は人生50年」、皮膚細胞も50年もてばOKだった。「今は人生90年」だ、昔風にゴシゴシこすったら皮膚は90年も持つハズがない！！

入浴は高級な遊びである。「楽しく賢く洗う」ことは、高齢者の入浴に欠く

ことのできない知識である。よーく反芻して身を振り返ってみよう。

職員の声

> 声1　お年寄りの皮膚を洗いすぎると、大事な皮膚脂肪は洗い流され、薄くてテカテカに光るドライスキンになってしまう。
>
> 答：皮膚細胞の再生回数は一生で50回程度と有限である……若いうちに皮膚をゴシゴシこすり取ると歳とったあと皮膚の再生は困難になる。
>
> 声2　私はお風呂で自分の肌を力の限りこすっていたが、それは有限の皮膚細胞を失うことだと気が付いた。
>
> 答：歳を取って肌が薄くテカテカ光るようになる。
>
> 声3　私はご利用者の体をゴシゴシと力いっぱい洗っている。
>
> 答：そうしないと「手抜き」のように受けとられるものね……「良く洗え！」という社会常識は間違っているが、本人・家族・職員の間で正しい洗い方を語り合う必要がある。
>
> 声4　入浴は高級な遊びと捉え、楽しく・賢く洗って高齢者を正しく清潔にしたい。
>
> 答：それが本筋なのである。

1) 新谷 et al.「和式入浴における 血圧・心拍数 の推移とその臨床的意義」；ICU と CCU 6：759 〜 765, 1982.
2) 新谷「入浴時の洗い方」；福祉における安全管理 #11, 2010.
3) 新谷「カーボン・ニュートラル」ibid. #51, 2010.
4) 藤田紘一郎「きれい社会の落とし穴」学士会会報 851, pp.94 〜 113, 2005.
5) 中川恵一「がんのひみつ」学士会会報 880, pp.106 〜 118, 2010 (Jan.)

福祉における安全管理 #602　2016・12・17

開けゴマ！

アラビアンナイトの「アリババと40人の盗賊」では、頭領が"Open Sesame！"（開けゴマ！）と唱えると、岩山の宝物倉庫の扉が重々しく開き、盗賊たちは盗んで収納した宝物を点検し、新しく盗んだ宝物を収納した。

あなたもこの物語を読んだことがあるだろう。しかしこれはファンタジーの世界の話である。"Open Sesame！"は願いを叶えて貰う際に唱える呪文である。

科学は、万人の追試に耐え、間違いなく「因果関係」が認められる時、初めて「まっとうな」判定を下す。もちろん、もし、追試で異存が生じた場合は、主張を撤退せねばならない。医療の世界では、おおよそ25年前から「確証に基づく医療」（Evidence-based Medicine）という"合い言葉"が流行し、確証が無い「信念だけの医療」は行わないように指導されている。

確証のある近代医学の典型例は150年前から確立された。およそ「麻酔薬（1850年）・輸血（1915年）・ペニシリン（1945年）」で曙を迎えた[1]。それまでの医療は「迷信・呪文・サンタ」の塊であり、必ずしも「確証」を得た医療ではなかったのだ。

「サンタ」とは「使っタ・良かっタ・効いタ」の「3タ」のことであり、主観の塊を表し、"私に効いたから、他人にもきっと効くに違いないという表現である。"Open Sesame！"は"盗賊の頭領が唱えたのを真似てアリババも上手に唱えたから効いた"のであって、呪文を知らなかった兄のカシムはどんなに頑張っても岩戸は閉まらず、殺されてしまったのである。"希望が叶いますように"という呪文も、確証はないけれど、十のうち一つでも願い通りになれば、呪文として言い逃れはできるかも知れないが。

1つの例を示すと、"ビタミンCは健康維持のために必須"、とは正しい表現だが、"美肌に効く"ほどの大量のビタミンCは副作用のゆえに使えない。ビ

タミンCの薬用量は1日0.5グラム程度だが、その結晶を舐めてみると酸っぱくて舌が痺れそう……。ビタミンC不足は「壊血病」を起こすが、その有名さに比べ、現実の壊血病にお目にかかることはまずない。ところが不思議なことにテレビ広告にはビタミンCの話が出ない日はナイ！

プラセボ効果

　さてさて、ヒトは不思議な存在であり、「プラセボ効果」と呼ばれる不思議な感覚を所有している。「プラセボ」とはラテン語で"私はあなたを喜ばせます"という意味で、日本語に訳せば「偽薬」だ。つまり、本当は効くはずもない薬を"効く"と言って飲めば本当に"効く"こともある……このことを「プラセボ効果」と言い、信心深い人ほどよく効く。これは背信行為か？　と言えばあながちそうでもない。人間とはなんとなく"権威に頼る習性"があるからだ。これは鰯の頭も信心から、とも言い古されている事に通じよう。自己暗示も他人暗示も効果のうちなのである。

　医療や介護の世界でも、科学的な「因果関係」のある行動が求められるけれど、「確証に基づく科学」はなかなか期待通りには進まない。なぜなら、上記のように、ヒトでは「プラセボ効果」でオブラートが掛かってしまううえに、高齢者介護には確証を裏付ける"多数実験"が出来にくいからだ。したがって、声の大きい権威筋・製薬会社の思いつき次第で"Open Sesame！"の呪文がまかり通る。つまり"効能書き"通りにならない場合、効能書きが悪いのではなく、使った人がヘンなのだととられる。

　たとえば、その筋ご推奨の「筋トレ」。これは"筋肉の廃用萎縮"を防ぐ目的があるのであって、筋肉を鍛えるためではない──それを勘違いして頑張りすぎると「ルーの3法則」に違反することになり[2)]、かえって筋肉を傷めることになる。「脳トレ」も同じくであって、加齢で天然減少した脳細胞に過負担な訓練を試みても、若返ることはない。物事は「ルーの3法則」通りに"ちょうど良くすること"が大切なのだ。

　ところで、お年寄りの徘徊・転倒・骨折などのとんでもない事態に遭遇する

と、"ああどうしよう！"と自分を責める気持ちになる。"開けゴマ！"と唱えて問題解決の道を考える。でも、こんな場合、"ホウレンソウ!!"と唱えてはどうだろうか？　ホウレンソウとは"報告・連絡・相談"をつづめた略語であり、自分の知恵と仲間の判断の結晶を求める行為である。これなら遥かに"科学的な確証"に基づいた対応と言えるのではなかろうか？

要約

① 私たちは、できるだけ「確証のある科学」の結果に従う訓練をしよう。

② 「確証のない事態」に直面したら、心いっぱい"開けゴマ！"を念じるけれど、でも実際には「ホウレンソウ！」で物事を解決する習慣をつけてはどうだろう？

職員の声

声1　アリババの呪文は結構だが、それに頼って自分の日常をごまかすのは困る。

答：テレビの広告を見ていると、"大食いしても痩せられる飲料"を買う人たちが多いが、彼らは"開けゴマ！"の信者だろう。

声2　薬の効果が案外に"プラセボ効果"であることを学んだ。

答：プラセボ効果は、子供のお母さんを"洗脳"しなければ、子供には効かないと言われる――複雑である！

声3　「痛いの痛いの飛んで行け！」や「病は気から」も"呪文"の一種ですか？

答：前者は「子供との仲良し呪文」であり「後者は人の心理」の部分説明である。どっちも大事な"開けゴマ！"だ。

声4　介護の世界では「確証」は"ないがしろ"にされたが、今では「根拠」の時代になった。

答：昔介護の世界は「愛情・親切・献身」、つまり"開けゴマ！"が主体だったが、今ではたとえば「B.M.I. 体格指数」の"ホウレンソウ"で食事介助の適否が判明する時代になった[3]。

1) 新谷「病の順番」福祉における安全管理 #556, 2015.
2)「ルーの3法則」＝筋肉の運動による効果は、(1) 過剰な負荷は筋肉を傷め疲弊させる、(2) 過小な負荷は筋肉を廃用萎縮させる、(3) ちょうど良い負荷が筋肉を保護・活性する。
3) 新谷「誤嚥・B.M.I. とご逝去」福祉における安全管理 #555, 2015.

プラセボのひみつ

プラセボ（偽薬、ぎやく）とは、外見は本物の薬のように見えるが、薬として効く成分は入っておらず、偽物薬のことである（Placebo はラテン語で、"I will please you." = 私はあなたを喜ばせる）。

成分としては、少量ではヒトに対してほとんど影響のないブドウ糖がよく使われる。そもそも薬と言えば「効く」か「効かない」かが問題であろう。では何を基準に有効性を判断するのか？

昔の基準は「製薬会社が"効く"と宣伝する」、「大学の偉い教授が奨める」、などがその役目を果たした。アメリカでも昔、刑務所に入っている囚人が発売前の薬の効果実験に参加すれば、刑期を短縮してもらえた、という経緯がある。

しかしグローバルな世界化が進むにつれ、「世界的な効果」が認められなければ薬として通用しにくくなり、1955 年、アメリカで"プラセボの研究"が始まった。

1970 年頃には「二重盲検」で合格しなければ、薬として認可されなくなり、日本で今、健康保険で使われている新薬は「二重盲検」で合格したモノばかりである。二重盲検とは、薬を処方する医師も、その薬を飲む患者さんも、薬の内容が分からない仕組みの実験である。薬って「効くぞ！」または「効かないかも！」と暗示をかけると、その効果は揺れ動く性質を持っている（偽薬効果）。

たとえば、幼い子供なら暗示効果はないだろう、と思われるが、小児科医に尋ねると、不思議な事に、「お母さんの心に効けば薬の効果は増える」と言う。

このような不確実性を避けるために、たとえば、千人の患者さんを対象にし、半分の人に実薬を、残る半分の人に偽薬を使うテストをする。誰にどちらの薬を使ったか、はテスト終了時点まで誰にも分からない仕組み、これが「二重盲検」である。こうして、最後にテストの鍵を開けて、実薬を使った人だけに有位な効果があれば、その薬は統計的に効いたとして、"公に承認"される。

Ⅱ　天然介護

　プラセボ効果は薬だけに限らない。「鍼治療」や「病院受診」という行為そのもの、さらにブランド銘柄に頼る「香水・化粧品・健康食品」、イメージの影響による「ファッション」などさまざまな方向にも使われる。

　結局、私たち人間はプラセボに酔い、プラセボを愛している生きものとさえ言えるのだ。仕組みを「知っちゃうと、つまらなくなるから、本当のことを教えないで!!」と言いたくなるほどである。

職員の声

声１　睡眠薬を頻繁に求める不眠の老人がいた。ご家族と相談し「ブドウ糖」を渡すとよく寝られた。このほかビタミンＣを渡すこともあった。

答：これらは典型的なプラセボ効果である。

声２　小児に効く薬とは、お母さんの目に叶うということなのか？

答：お母さんが効果を疑えば、なかなか効きにくい、という経験がある。

声３　プラセボを内服している利用者のご家族は、ちょっとした日常の変化を「プラセボのおかげだわ」と喜んでいる。

答：信ずる者は救われている。

声４　なんだかペテンに掛かっているような気分になるが……。

答："不条理なればこそ我信ず"という諺さえある。人は脳が大きいので、１つの真理だけでは満足しないのかもね。

福祉における安全管理 #36　2010・9・23

天然介護

　私は「スエーデン式の天然介護」という言葉を無意識に使ったところ、多くの職員から「天然介護」って素敵な言葉の響きがある、と褒められた。

　そこで私は「天然」て何だろう？　と思い直した。天然介護とは自然に存在する介護という意味だ。では、その反対語は何か？　人工介護？　医療介護？　和風介護？　どれだろうか？

　皆さん方がご存知のように、現在の日本の介護保険は2000年にスタートしたものだが、「医療介護の匂い」が濃厚だと思わないか？　先週、私の担当するご利用者が病院に入院していて、「食べない」ことを理由に受け持ち医師から"胃瘻"をつけなければ退院させないと強制された。別な病院では家族が胃瘻設置に反対する所へ総婦長殿がその場へ来て「お母様を餓死させるおつもりですか？」と胃瘻を折伏されてしまった。

　このように、多くの医療者は超高齢者へ胃瘻・酸素療法・持続点滴・（ペースメーカー・透析）などを実施して「善意と称する苦しみの延命」を行うことが時にある。超高齢者が必要としているのは「医療の苦しみ」ではなく、「天然の安らぎ」＝「天然介護」であろうかと私は思うのだ。私は医療を否定するつもりは毛頭ないが、その前に「天然のやすらぎ」を探し求めて介護の指針としたいと思う。

　少し別な話をしよう。マザー・テレサというご婦人の名前を聞いたことがあるだろう。彼女はアルバニア（バルカン半島）の生まれで、若い頃志してインドに赴き、貧しい人たちへの「いたわり」の奉仕に一生を捧げ、晩年にノーベル平和賞を受けた。インドには今でも「4つのカースト」*という制度があり、極々貧の人々が社会の中で苦しんでいる。彼女の活動から生まれた、名言の中から3つ取り上げると

　① 世界で一番恐ろしい病気は「孤独」である。

②　平和な心は笑顔で始まる。

③　笑ってあげなさい、笑いたくなくても笑うのよ！　笑顔が人間には必要なのよ、とテレサは貧しい人々のために一緒に働くシスターたちに言い続けた。

この問題の根本的解決はインド国民の「カースト制度」に対する考え方にあるのだろうが、マザー・テレサは社会改革に挑んだのではなく、困った人たちに「笑顔と希望」を与えたのだった。テレサは優しい人だった。

笑顔と言えば、先日のテレビで「イラクの男たちに囲まれた１人の米人兵士」という話があった。多勢に無勢、説明する言葉も分からず米人兵士の命は風前の 灯 であった。息を呑むような凍った瞬間、その兵士は思わず「笑顔で」両手を差し伸べた。この笑顔が全てを解決したのである。住民の男たちは兵士を抱き抱えて避難所へ連れて行き、兵士の傷の手当をしたのだった。

テレビ画面を見ていて、私も思わず手を差し伸べてしまった。"笑顔って大事なのだなー"と私は思った。

皆さん、鶏や犬猫に笑顔があるだろうか？　考えてみると、笑顔はヒトだけにあるように思う。しかも、笑顔は先天的にヒトの遺伝子の中に組み込まれていると思う。今日の話題：「胃瘻延命・インドのカースト制・各地の戦争」……みなおかしいと思うだろう。それはすべて「天然の出来事ではないから」だと思う。でも、自分の飼い犬（柴）は笑うような表情をしていた、という人も時にある。

精神科ではこういう言い習わしがある——認知症が深く進行した症例で、何を話しても見せても反応のない人。この人に「笑い顔」と「泣き顔」の写真を見せたら、なんと写真を区別して反応があった、という。つまり、ヒトは大脳皮質が侵されて「知恵」のない動物同様になっていても、「笑顔の認識は可能だ」……それは 脳の深い場所にあるヒト固有の本能ではないか？　ということだった。

大脳皮質は賢い事を学び、また事実でない事を言い曲げる事さえ指令するが、天然のヒト固有の本能は「環境に学ぶ」事、そのほかに「天然の真実を摑む」

事ではないだろうか？　私たちが自分の胸に手を当てて判断すればおのずと行われる自然な介護、それが「天然介護」ではないか、と私は思うに至った。響きの良い言葉——天然介護！

　それは教科書で学ぶだけの介護ではなく、思わず"微笑んでしまう介護"ではないだろうか？

職員の声

声１　「天然介護」という言葉には「行きすぎた医療介護」にブレーキを掛けようとする意図が感じられる。

答：医療に深くのめり込まず、持ち前の寿命を生きる。そのお手伝いをするのが「天然介護」だと思う。

声２　「お母様を餓死させるおつもりですか？」のセリフには驚いた。

答：病院の立場を代弁する発言だろうけど、これでは家族は悪魔に仕立てられてしまう。

声３　医療は「生かす術」として発展してきた。その技術を「死ぬべき人に適用」する事を望む国民性がそもそもの間違いのモトだと憂える。

答：「歴史を振り返って人間の賢さ・愚かさをよく学ぶ事」、あなたは確実にそれを手に入れている。

声４　家族が希望する親の老衰延命をどう受け止めれば良いのか？

答：「天然」とは何なのか、お釈迦さまにも相談すべき事だろうが、「老衰老人をさらに老衰化させること」が人間倫理に沿うとはとても思えない。

＊　カースト＝① バラモン（僧侶）、② クシャトリア（王侯、武士）、③ ヴァイシャ（平民）、④ スードラ（隷属民）。

福祉における安全管理 #260　2012・2・10

Ⅲ 長生きの秘密

ヒトはナゼ老いるのか？

　この問いほど真面目に問いかけられた問いは過去に類を見ないのではないか？　今日は世の中でどんなモノが老い、どんなモノが老いないのかを4つの視点で見てみよう。

　① **物質は老いる**：古い時代の木造物は空気で酸化されてスカスカになる。
　鉄の刀剣も古くなれば錆が出る。石のピラミッドや洞窟も風雨のまえに侵食され変形する。あの3000年の歴史をもつツタンカーメンの黄金のマスク――黄金なら古くならないのか？　いや、なるのだ。宇宙の始まりの"ビッグバン"を考えてみよう。
　138億年まえ、物質は水素原子で始まった。この水素原子が197個ほど、星の中でギュウギュウ詰められた結果「金原子」1個ができた――言ってみれば、水素が何億年の時間経過の後、老化して金になり、その後ツタンカーメンのマスクになったのである。金も地球もさらに宇宙全体も絶えず老いているのだ*。

図　水生動物のヒドラ

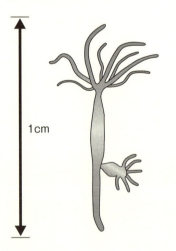

1cm

　② **遺伝子は老いない。**
　38億年前、地球に初めて誕生した生命が、もし子孫をつくらなかったらその生命はそこで終わったハズだ。だって"子孫のない生命"とは言葉の遊びにすぎないから。初期の生命は"身体と遺伝子"が同一体であった――たとえば身の丈1cmに及ばない水辺に住むヒドラ（図）。彼らには「死」が無かった、なぜなら自分自身が身体の本体でありかつ子孫であって、2分割や側枝法で増え、老いる事はないからである。

Ⅲ　長生きの秘密

　しかし、生命が進化してくると、生命は、子孫を残す"生殖部分"と自由行動が可能な"身体部分"とに分化した。2分化する事によって、子孫繁栄を確保しながら身体は環境へ適者生存の能力を強めたのだ。ただし、そこには重要な「取り決め」があった──つまり、子孫維持は「生殖体」の役目、生命の自由行動は「身体」の役目である。ここに生命は「老化しない遺伝子」と「老化する身体」の分化ができたのである。

　「遺伝子」は 数学的な記号であり、種を不老不死にする役目を持つ。これに対して「身体」は各種動植物のさまざまな姿、個性的な生き方で示されるように自由行動が許されている反面、「有老有死」なのである。このことをイギリスの生物思想家リチャード・ドーキンスは「遺伝子は利己的」と表現した。生命の一番大事な事は、生まれ・育ち・繁殖する事であって、「老後を楽に生きる方法」は遺伝子には一切記載されていない。遺伝子は環境に左右されずにひたすら「利己的に」子孫を残すことに専念する──その特権として遺伝子は「不老不死」につくられたのである。「身体」は「遺伝子」の一時的な"乗り物"にすぎない、と彼は言う。

　③ 身体は老いる。
　これに対して「身体」のほうは自由度が高く、遊んだり戦ったり恋をする自由度はあるものの、その本質は、上記の宇宙的な原理で「古くなれば朽ちる素材」でできている。それは単なる「乗り物」にすぎず、使っているうちに壊れる。つまり、身体は「使い捨ての有限寿命」、遺伝子は「永続性のある無限寿命」という分業の構図を持つ。もしあなたが本気で不老不死を望むのであれば、ヒドラのような初期型生命に戻らなければならない！　「不老不死と身体の自由度」は、高等生命では両立できないのだ。もしあなたが子孫に遺伝子を残せば、あなたは不老不死の循環の中に組み込まれて行くではないか。

　④ 老いれば補充される。
　この事は、リレーでたとえると分かりやすい──「バトン」に相当するものが「遺伝子」、「走者」に相当するものが「身体」だ。走者は人であるから人権

117

を持つほか喜怒哀楽の自由も持つ人気者の嬉しい存在であるが、バトンを渡してしまえば風景から消え去るし、次の走者で容易に補充される。他方、手渡された「バトン」は「遺伝子」であるから、最初から最後まで同じ情報が運ばれ、リレーが続く限り永続する生命を裏付ける立役者である。

　一般に動植物の「生命の尊厳」は特に重要視さることなく、「遺伝子」の動きだけで生命問題は片付く。だがヒトの場合、目に見える「身体」こそが"人権と尊厳"の象徴であり、それゆえに、「身体」の寿命も"永くあれ"という願いが発せられる。昔は50年で朽ち果てていた身体が近年100年程度長持ちしているから欲が出て、もっと長持ちさせたいとの声もあるが、そろそろ限度一杯の姿だ、と思わないか？　宇宙老化の原理は今も昔も何も変わっていない。
　そもそも簡単に「永遠」というが、地球の寿命は48億年だし、宇宙だって138億年で終わり、仏教で言う幾千億年という年月なんて存在しない。私らの「永遠」は100年くらいで妥協したらどうか？

要約

① ヒトは「遺伝子と身体」より成る。「遺伝子」は不変であるが、環境に適応する力を持っている。本質的には不変で老化せず、生命の本質を保持する。

②「身体」は宇宙の普通物質でできているので時とともに古くなり（老化）、いずれ朽ち果てる。

③「身体」は老いて100年程度の寿命しかないが、その代わり、喜怒哀楽を生涯にわたって享受する豊穣な自由で報われている——100歳老人の姿を見よ……それでもう十分生命を謳歌したと思わないか？

Ⅲ　長生きの秘密

職員の声

声1　ヒドラという水生生物は決して死なないと初めて知った。「身体と遺伝子」の関係を"リレー"競走にたとえたのはすごく分かりやすかった。

答：これが人生なのだ——僕らはみんなマラソン走者の1人にすぎないのだ。

声2　身体の寿命は有限だから人々は子孫を残そうとする、と私は考えていたが、実際の遺伝子は人の考えとは無関係に古くなった身体を勝手に乗り換えて永遠に生きるのか？

答：我らは一時的な「乗り物」にすぎないのだ。

声3　近年流行のアンチエージング（抗老化）では「老い＝悪」であり、「人生を綺麗に終わること」は嫌われる。

答：モノはすべて老いる。それはモノの属性であり、悪ではない。

声4　「死」があればこそ「生」に重みが出てくるのだろう。

答：「死」がなければ医師・看護師は不要で、代わって介護士は大ハッスル！　仮に江戸時代からの老人が生きていれば10億人以上も貯まっているし、そのほとんどは超重介護を必要とするだろう。生命の法則は"後進に道を譲る"ことであったハズ。

＊「金」よりも年長は「ラジウム」であり、更に年長は「プルトニウム」、そして現在の最年長元素は「ウンウン・デキウム」であり、およそ50億歳。

福祉における安全管理 #478　2015・2・12

命のサイクル（周期）

　物事にサイクルがあるのはごく身辺的に納得できる。たとえば 1 日は 24 時間だし稲は春〜秋に育つ 1 年周期だ。人間の親子もおおよそ 30 〜 40 年間隔、認知症のお年寄りは更年期を越えたあと 50 年を生きておられる。そこで今日は「ヒトの命と臓器のサイクル」を覗いてみよう。

　地球は 46 億年前に形成された。その初めには「命」はなかった。命は、発生初期 38 億年前には「単細胞」であり、5 億年前のカンブリア紀に多細胞動物が増え、アッと言う間に魚→カエル→トカゲ→ケモノへと進化した。やっと 5 万年前に現在の「ヒト」が現れたのである。

　「からだの構造」はその頃と今もたいして変わらなかったが、「命のサイクル」、なかんずく「寿命」はすっかり変わって、1 万年前の 25 歳から最近の 100 歳へとおおよそ 4 倍に増えた。野生動物の寿命はほとんど変わっていないが、人の寿命だけが著しく延びたのである！　それは「文明・文化」の賜物ではないか！？

　ヒトの寿命は体の各パーツの寿命の総合。体の一番小さい部分は「細胞」である。38 億年前に初めて生まれた単細胞は"細胞分裂"して子孫を残し、命は遺伝子を介して子孫に受け継がれる。研究によると、人間の細胞分裂の回数は無限ではなく 1 細胞につき「およそ平均 55 回」であり、ヘイフリックの限界と呼ばれる。その分裂の回数限度がきたら分裂は終わり、その個体生命も終わりになる——分裂回数に制限のない細胞もあるが、それは「ガン」と呼ばれ、ガン細胞は長生きするが、全身の命には限りがやって来る。

　52 回とは少ないように思われるか。細胞は平均 2 年間生存するので 2 年×52=104 年もあり、ヒトの寿命としては十分であろう。ところで面白いことに、体を構成する部分の寿命は臓器ごとに著しく異なり、例を挙げると——　一番

120

短い寿命臓器が「免疫リンパ球」である。細菌感染が発生するとリンパ球はその日のうちに細菌を退治しその後寿命を終える……つまり寿命はたった「1日」だ。次に短いのは「小腸の細胞」で、食物を消化する大役のためにたった「2日」の寿命で新しい細胞に入れ替わる――裏返して言えば、その短さのゆえに小腸細胞は「ガン化」する暇もない。

「赤血球」は骨髄の中で生まれる。「120日」ほど酸素運搬の大働きをした後、肝臓で壊され黄色い色素となって便の色となり排泄される。骨は硬いので長持ちしそうにみえるが、これでも平均「7年」で全部入れ替わる。中にはぜんぜん入れ替わらない組織もあり、その例は眼球の表面を覆う「結膜」や関節の内面にある「軟骨」だ。結膜や軟骨には血管がなく、成人して完成した後は、ただ一方的に"すり減るだけ"なのだ。大事に使わないと老人性白内障や関節症になって困ってしまうことになる。

長い寿命の組織の筆頭が「脳神経と筋肉」。「一生」入れ替わらず働き続ける。神経と筋肉は運命共同体としてがっちりと結ばれている。脳から出た神経は長い通路を経て筋肉細胞を終点とし、神経の伝達作用によって筋肉は動く。脳が故障するとその神経が支配する筋肉細胞は収縮できない。脳の神経細胞は一生分裂増殖しないから、ガンになるチャンスもない。

脳細胞は成人になった後、毎日10万個ずつ減っていくと言われるが、脳細胞全体の数が数百億個以上あるからその損失の影響は軽い。しかし上記の理由によって、脳細胞が歳とともに減れば、それの支配下の筋肉細胞も同様に減って行く。ここをよく理解しないで「脳トレ・筋トレ」を行うと精神主義的な無理無体の結果に陥る――つまり、「脳細胞と筋肉細胞」がセットになって消えて行くメカニズムを無視し、"消えた細胞に鞭打っても"効果は上がらないのである。

介護の領域で一番関心の深い臓器は「脳神経と筋肉」ではないだろうか？　脳神経は上に述べたように年齢とともに「数」が減って行く。それに加えて、40歳を越えた頃から神経細胞の中に「β－アミロイド」という物質が貯留し"認

知症"の症状が現れてくる。神経細胞1個が死滅するにつれ筋肉細胞も友連れで消失し、人間70歳になる頃には筋肉量が若い頃の半分程度に落ちる。つまり、生命のサイクルはロウソクがフッと消えるように終わるのではなく、徐々にゆっくりと終焉に近づくのである!!

にもかかわらず、施設で生活する長命の高齢者たちは並みの人がかかる「感染症・生活習慣病・ガン」などを乗り越えた"強運の人たち"であり、その命のサイクルは、おそらくこれ以上に望むべくもないほどに完璧な臓器機能の持ち主とも言える。超高齢の姿は哀れに見えても、その実態は憧れに満ちていると言うべきであろう。

要約

① 生命の流れは38億年昔の「命のサイクル」を温存しており、それは成長＆繁殖（子孫へのバトンタッチ）のサイクルであった。

② 体の臓器機能、特に"繁殖サイクル"との総合が命のサイクルであることを理解した。

③ 一生交代せずに働く臓器である「脳神経と筋肉細胞」の働きは徐々に減衰して行き、超高齢の姿は哀れに見えても、介護保険の対象となる長老者の生命サイクルはビックリするほどの完璧な臓器機能に恵まれたサイクルなのである。

職員の声

声1　一生働き続ける「脳神経と筋肉」、それをいたわってあげる方法が"体と頭"を同時に訓練する"リハビリ"なのか？

答："いたわる"とは"長持ちさせる"ことと思えば、答えはYes！、「ルーの法則」によると、一番長持ちさせる方法は、"ほどよく使い続けること"、つまり"廃用萎縮"を防ぐことであり、鍛えることではない。

Ⅲ　長生きの秘密

声2　ヒトの寿命は1万年前の25歳から近年の100歳まで4倍に
　　増えた。

答：化石の観察から判定すると、2歳の化石の人をもし生き返らせ
　　れば、やはり100歳まで生きられるらしい……つまり、環境の
　　改善が100歳を可能にしたようだ――現在100歳の人の骨は骨
　　粗鬆症の程度もはげしく、ヒト遺伝子の限度いっぱいを生き
　　ているので、100歳以上の平均寿命延長はもう期待薄である。

声3　今特養で暮らす老人たちの年齢層の多くは90〜105歳、要
　　介護度も4〜5である。しかし彼らは初老期病の「感染症・生
　　活習慣病・ガン」を乗り越えて来た"つわもの"である――やは
　　り"偉い！"と尊敬の目で見直す。

答：あらゆる病気を乗り越えた人の最期は誰しも"認知症"に登り
　　詰める……認知症を嫌う人は長生きできない！

声4　生命は「死」によって次世代の発展に繋がって行く――しかし
　　寿命があと2倍増えて死ねばもっと幸せではなかろうか？

答：その通り同感だ――しかし、今の100歳の健康状態を振り返っ
　　て見よ！……難視・難聴、総入れ歯、左右とも大腿骨骨折、食
　　事介助、失禁、認知症……こんな状態で後100年ほど長生きで
　　きるだろうか？

福祉における安全管理 #564　2016・3・1

123

遺伝子の新しい指令

　38億年まえ、地上に生命が発生しそれは「遺伝子」そのものであった。

　生命継承の基礎はすべて「遺伝子の指令」に基づき、生命の表現形式はただ1つ『① 生まれ、② 育ち、③ 増え、④ 逝く』であって、どんな生命体もこの指令に従い、古今とも例外は無かった。

　ところが近年人間は、増えた後、すぐに逝かないで「老いる」ことを許されたのだ [1] ——つまり上記の③＝"増える"の後に「老いる」を50年分ほど付け加えた後、やっと④ "逝く"に移って行くのである。これは「戦前」には無かった現象であり、今の私らにはあまりにも当然の事だから誰もそのことに気付いていない。（参考——ヒト以外の動物は子を産み終わったらじき死ぬ……ヒトも戦前は、少数の例外を除いてそうだった）。

　現在、パール特養の入居者は半数が90歳代である。昔から"不老長寿"という願望はあったが、その実現は困難で、近年になってやっとそれが可能となったが、その理由、それをあなたはご自分の祖父母を頭にイメージして考えてみよう。

　ふつう、第一に挙げられる理由は「医療の発達」であろうが、パールの特養を見ていると、医療で救命され90歳になれた人は"10%"もいない。第二の理由は「平和」とか「介護」とかであろうが、本当の答えは意外にも「インフラ」なのである！（インフラとは"下部構造"と言う意味）。いったいあなたの祖父母はどんな病気で亡くなったのか覚えているか？　癌や脳卒中もあるが、多くの場合はインフラ不足で、夏の熱中症・冬の肺炎であっただろう。そんな病名もはっきりしないうちに、老人はコロッと亡くなったのである。では近年の「インフラ」はどうして老人の命を延ばすことができたのか？

　「インフラ」を目に見えるような姿で見直せば、それは「衣・食・住」であり、加えて「電気・水道・ガス」である。これらの恩恵は、医療と異なり誰も

が日々毎日受ける恩恵である。昔のインフラは極めて限られていた。まず、衣食住の「衣」――あなたの衣料収納庫を思い出し、昔の様子を想像して比べて欲しい。あなたは桁(けた)違いに多様な衣服で環境から守られている。昔の老人は木綿の衣服だけで暑さ・寒さを凌(しの)いでいたのである。

「食」の違いは想像できまい。

昔は「一汁一菜」(図)で肉食はほぼなかった。しかも「居候、3杯目にはそっと出し」という粗食が当たり前だった。"老人栄養食"なんて、そんな言葉はなかった。「住」の違いはタマゲルほどであり、なかんずく「冷暖房の概念」は天地を分けるほどだ。昔は夏、熱中症で老人はふるい落とされ、冬は凍るような寒さで間引かれた。

次の項目に入ると、「電気」。

私の子供の頃は部屋に40ワットの裸電球がぶら下がっているだけで、電気の活用はそれだけだった。今、もし電気が止まったら、老人は1週間も生きて行けないだろう……夜のトイレは真っ暗闇、冷暖房は止まり、冷蔵庫・洗濯機・テレビはなく、たちまち"無人島へ漂流"した生活となる。「水道」は都市部では普及していたが、私の田舎の家では「井戸水」に頼っていた――手押しポンプで風呂桶いっぱいの水を汲むのは老人にはムリである。大人のオムツは布製であるが、誰がどこで水を汲み、冬場にそれを誰が洗い、どこで干したと思うか？[2]

「ガス」は「燃料」と読み替えよう。

米を炊くのは"薪(まき)"――細かな「火」は値段の高い"炭(すみ)"、つまり料理の幅は現在の1/50にも及ばず、老人栄養食なんてムリのムリ。風呂を焚(た)くのは過大な燃料消費にすぎず、ましてお湯で髪を洗うのは2人懸かりの贅沢(ぜいたく)であって、介助入浴なんて誰も知らなかった。

人間も更年期までの若さなら"無人島へ漂流"したようなインフラ無しの環境でも生きられる——だって遺伝子は子孫繁栄のために人間を頑丈につくっているのである。だが子を産まない老後の体となれば、遺伝子は「手を抜いた新しい指令を出すようだ」。その手始めは"骨粗鬆症"だ（骨からカルシウムが抜ける）——遺伝子は子を産まなくなった親の体の骨の世話なんてしなくなるのだ。進化を司る遺伝子の主力はもう子の世代に引っ越し済みなのである。

　次に老後遺伝子の新しい指令は細胞の補充・繁殖の監督から手を抜くから"ガン細胞"が発生し、また血管の内皮細胞の世話をしなくなるので動脈硬化→心筋梗塞・脳梗塞が起こる。息もつかず、大脳細胞の老化を放置するから"認知症"をもたらす。

　つまり更年期以後の50年は「不老長寿」ではなくて、その実態は「有老長寿」になるのであって、目は見えずらく、耳は遠くなり歯は抜け落ち、記憶は「呆けて」手引き歩行に骨折の多発、やがては逝くだけの運命になる[3)4)]。こうなれば、「医療もインフラも」老い先には無力となり、ここで遺伝子は本来の役目のうち最後の仕事＝上述の④「逝く」を実行するのみとなる。

　しかし考えてみれば、命を司る遺伝子は1つだけ現代人に"有難い妥協"をしてくれたのだ——すなわち、③＝"増える"の後に③'＝"老いる"の挿入を許してくれたのだ。**50年間の長きにわたって子を産まずに"老いていられること"**はほかの野生動物には決して存在しない「特典」なのである！　私らは「老いることができる喜び」に深い感謝を表明し、生命の古いモットー＝「もっと長生きを」、を新しいモットー＝「幸せな老いのひと時を」、へ変更することが出来たのである。

要約

① 動物は遺伝子の働きによって命を授かり、その流れは「生まれ・育ち・増え・逝く」である

② 人は"増え"〜"逝く"の間に、"老いる"期間を挿入することを許された——その主原動力は「医」のほかに、「衣・食・住」と「電・

> 水・熱」の活用である。
> ③ 遺伝子は 50 年ほど "逝く" ことの実行を待ってくれたが、その間にヒトは「幸せな有老長寿」を満喫し、今や "いさぎよく"「逝くべき運命」を受け入れることができるのである。

職員の声

> 声1　遺伝子の新しい指令は「③ 増える〜④ 逝く」の間に「③' 老いる 50 年」の期間を挿入したことであり、人はこの 50 年間を幸せに享受した後「逝く運命」を納得すると思う。
>
> 答：ほかの野生動物には「老いるステージ」はなく、人はそれを 50 年も貰っている……感謝のうえにも感謝だ。
>
> 声2　発展途上国では「増えた」あとにすぐ「逝く」傾向が強く、日本の戦後みたいだ──インフラ環境と寿命は確かに密接な関係がある。
>
> 答：遺伝子は「老いる 50 年間」を許してくれたが、これが限度一杯だろうね。
>
> 声3　特養の入所者の顔ぶれを見ると、古参の 90 歳代のご利用者たちは一般に「病院受診の頻度」が少ない……特養の同じ環境にありながら「自力で生きる力」が旺盛であるのに感心する。
>
> 答：70 〜 80 歳代の人たちは「病院受診」が多く、死亡数も多い──どこの施設でもそうなのだろうか？
>
> 声4　特養はこんなに良い環境なのに、若くて健康な老人が少ないのはナゼだろう？
>
> 答：90 歳を超える人たちはがんらい遺伝子が頑丈なのかな？　と感じてしまう。

1) 新谷「老後の半世紀」福祉における安全管理 #512，2015.
2) 新谷「オムツと心の構え」ibid. #407，2016.
3) 新谷「ヒトはなぜ死ぬのか？」ibid. #99，2016.
4) 新谷「長寿願望」ibid. #589，2016.

長生きの秘密

　皆さん方は「新車でも長く使えば"中古車"になる」ということをよく知っているハズ。いや、使わなくてもパーツは古くなり、"新古車"と呼ばれている。生命でも同じこと。人間も中年になったら「老化は防げるか？」などの標題(テーマ)がみんなの興味を引き寄せるので科学研究は活発となる。

生命の基本は「繁殖し、子孫をつくること」

　個体の繁殖は「遺伝子」によって行われる。遺伝子の設計図には次に産まれる生命に必要なことが書き込まれているが、子を残した後、親の「余生」がどうなるかについて、遺伝子には何も書かれていない。つまり子を産み終わったら、冷たい現実ながら、親は御用ずみになる。ところが、人間の場合は子を生み終われば「更年期」となり、古今東西それは50歳前後である。昔の人類は50歳以前に死ぬ人が多かったので、50歳を超えて長生きする人は祝福され、60歳になると「還暦」のお祝いをした。

　しかし人間は他の動物と異なり「知恵」を持ち、その知恵を働かせて、近年、更年期の2倍（100歳まで）もの"長生き"を獲得した。人間の知恵とは、科学実験だけでなく、医療・介護などや上下水道・冷暖房などの都市インフラも含んでいる。2003年、酷暑が稀(まれ)なフランスに熱波が襲い、冷房設備のない施設のお年寄り1万5千人余が死亡した。パールだって、エアコンがあるからこそご利用者の"長生き"に恵まれているのである。

　近年の「長生きの試行錯誤」には次のような「長生きの実験」も含まれている。

　① **女性ホルモンの使用**。これは以前には銀座のクリニックなどで大流行していたが、近年、長生きの実績もなくむしろガンや認知症の副作用のために落ち目になってしまった。

② 「腹八分」の食事。これは「酵母菌」や「マウス」での実験によるものである。その原理は空腹による長寿遺伝子の目覚め、と言われる。人の場合「腹七分」が better のようだが、長生きの実績を確認するのには 50 年以上もかかるので、言われるほどの効果は否定も肯定もできない。

③ 赤ワイン。これは、フランス人が肥満の割に長生きだ、という逆説(パラドックス)が由来である。マウスの場合、寿命が 3 年程度だから実験でも証明されるが、もし人がこの効果を得るためには 1 日 100 杯相当のワインを飲む必要があり、現実の"お奨(すすめ)め"にはならない。

④ 酸化ストレスの防止。悪い生活態度の代表は「大食い・酒・タバコ・博打(ばくち)・夜遊び……」と言われる。これらはみな体の酸素需要を増やし、細胞の過酸化が促(うなが)されて寿命が縮む、という研究が少なくない。遺伝子の末端にある「テロメア」という構造（図）は寿命の「回数券」として知られている。ヒトに与えられている 50 枚相当の回数券を乱暴な生活で早めに使い終われば、そこで寿命が終わってしまう。

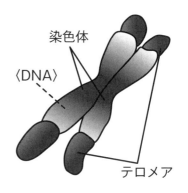

多くの研究は寿命の短い動物での実験である。そのうえ決定的に見過ごされていることは、「人間の遺伝子寿命は黙っていても 50 歳用である」という進化の歴史事実である。50 歳までなら「遺伝子」が人を守ってくれるが、更年期に入れば、人の知恵が"長生き"を定める。その結果、寿命は延びる方向に向かうが、基本的には更年期以後の寿命は遺伝子の裏付けがないから、"無理"がいちばん良くない。ここで私は「ルー（Roux）の筋肉鍛錬の法則」を思い出す。つまり、その法則は、

① "やりすぎ"は最悪。
② "やらない"のはその次に不適当。

③ "ちょうどよく行う" のが最良の結果を産む。

　長生きの秘密は化学物質や薬ではなく、また単純な願望でもない。実は「ルーの法則を実行するだけ」が良かったのである！

職員の声

声1　「有意義な人生であれば太くて短かくても構わない」と言う人がいるが、それは嘘っぽい。

答：人は理由の有無を問わず、長い人生を求めるものだ。

声2　ルーの法則は "非現実的" だ！　だって、スポーツマンは極度の運動で名声を受けているし、サラリーマンは暴飲暴食でも出世するではないか？

答：そんな人の余生は短い人が多い。

声3　「余生」とは何だろう？　鮭は産卵後すぐに死ぬが……。

答：一般に子孫を確保した後の生命を "余生" という。鮭には余生がないが、人間には 50 年程度もある。

声4　長生きって、具体的に何歳か？

答：時代や環境によって違う……。2000 年前のローマ時代は 40 歳、織田信長は 50 歳、世界保健機構（WHO）と日本の厚労省は 65 歳をメドとしている。

声5　パールの特養では、要介護 5 でありながら 18 年余の長生きを続ける方もいる。

答：パールの最長寿は 108 歳の方もおられたが、平均年齢は 88 歳。日本全国の 86 歳とあまり変わらない。長寿は数値で語られるが、我々はむしろそれぞれの方の「幸せ」のほうを目標としてお世話を続けている。

福祉における安全管理 #5　2010・9・3

Ⅲ　長生きの秘密

歯の数と長寿考！

　ある女性が私に語りかけた——「私は、母の"不老不死"を求めているので、医療がそれを早く実現して下さることを望む」と。別な女性はこうおっしゃっていた——「私は昨年末、母を98歳で失ったが、母はもっと長生きできたハズと思うと悔しくて涙が出る」、と。私は、思わずお母さま方の「歯」についてお訊ねしたところ、お2人とも答えは同じだった。「総入れ歯でした」。

　赤ちゃんの乳歯が大人の永久歯に変わるのは「遺伝子の命令」による。驚くことに、歯の並びかたは、人類の先祖ネアンデルタール人でも同じ[1]、それどころかチンパンジーなどの猿でも同じである。つまり、遺伝子の歯に対する命令は、非常に原始的・基礎的なものなのだ。

　「親知らず」は遺伝子が命令する最後の歯であり、上下左右の一番奥にある第3大臼歯だ。昔の人は、この歯が生えてくる15歳前後にもう親は死んでいることが多く[2]、そこでこの歯のニックネームを「親知らず」と呼んでいた。近年、1/3くらいの人で「親知らず」が生えて来ないこともあり、また、生えてもすぐ虫歯になり、抜歯されることが多い。ナゼか？

　人類学の研究によれば、近年、人の下顎骨は、小さくなる一方だそうだ。その理由の主なものは火を通した「柔らかい食事」にある。幼少時からガリガリと硬いものを噛む必要が減ったために、顎骨の負担が減り、顎骨は短くなる（後天的な原因）。他方、歯の数は遺伝子の命令通り32本が真面目に生える（先天的な要素）。つまり、小さくなった下顎に遺伝子は"所定の数の歯"をはめ込むから、後から生えてくる「親知らず」は出番を失うのだ。

　しかし、せっかく32本も生えた歯も、50歳を前後してどんどん減り始める（次ページ図）。人体の設計を規定する遺伝子は、臓器の耐用年限を「50年」と規定しているらしく、歯の健康寿命は50年、これは生殖器官の耐用年限と

131

図　歯の数と年齢（1人あたりの歯の数の平均値）

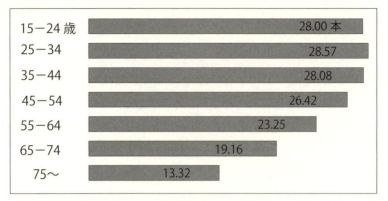

厚生労働省 生活習慣病予防のための健康情報サイトより作成

　よく一致しているではないか。しかし近年更年期を越える長生きにつれ、歯は次々と失われて行く。
　「歯ブラシ」がなく歯を磨く習慣がなかった縄文時代の人間はどうしていたのか？
　450年前の戦国時代、織田信長は（49歳？）まだ若かったので、たぶん歯のトラブルは無かっただろう。しかし、豊臣秀吉（61歳？）や徳川家康（73歳？）はきっと部分的に歯なし爺さんだったろうと想像する。
　ある歯科医師の話によると、昔は硬い「柘植の木の『入れ歯』」を使ったらしい。でもその硬い柘植の木を歯茎に固定する技術があったのだろうか？　私はアメリカのジョージ・ワシントン博物館でワシントン（67歳？）の入れ歯を見たことがある。それは「象牙」でできており、針金で歯茎に固定するように見えたが、300年まえの工夫は有効だっただろうか？

　パールの特養（平均年齢89歳）では「総入れ歯」が花盛り、近代の歯科医療の発達成果をもろに享受している。それでも、総入れ歯の人たちが何十人も一緒に生活するとなると、いろんなお笑い事故が発生する。なぜって、"はずした入れ歯"に名前は付けられないので、交通整理が大変だからだ。

Ⅲ　長生きの秘密

　お話は戻って、冒頭に紹介したお2人の女性は母親の"不老不死"を望んで
おられた。だが、母親の口の中は「総入れ歯」であった。お母さま方はわずか
100歳足らずでまだまだ長い将来の予定があるハズのご年齢なのに、これから
先の何百年間を「歯無し」で過ごされるのだろうか？　猿は歯を失うと、間違
いなく命を失う。だが、知恵のある人間は総入れ歯で生き延びる。でも私は思
う……入れ歯はあと100年も持つだろうか？──いや"持つ技術は発達する"
──でも、入れ歯を支える「歯茎」は無くならないか？──うーん、骨粗鬆
症によって無くなるかもね……その場合は「胃瘻」で生きればよかろう──
ええー？　不老不死とは胃瘻で生きる人生のことなのか？

　私の得た教訓は長寿を願う人の基礎資格はまず「歯を失わないこと」である。
そのためには、まずご自分の臓器の条件を整える必要がある。全歯を失った方
に限らず、臓器の基礎機能が失調したまま、「超」長寿のご希望は願いのバラ
ンスに欠ける。
　つまり、皆さんの母親に限らずどなたでも、超長寿をご希望であるのならば、
まずは「歯の数」を確認した後、長寿の資格の有無をゆるりと考えてもらいた
いものである。

　要約

> ① "総入れ歯"のご婦人が不老長寿の願望を述べられた。
> ② 動物は歯が無くなると寿命が終わるが、人の場合は歯が無くなっ
> 　ても、"総入れ歯"で100歳を迎えられる。
> ③ 不老長寿を求める人はまず「歯の数」を確認し、その他の身体条
> 　件（見る・聞く・食べる・歩く等）をチェックしたいものだ。

職員の声

声1　総入れ歯のご婦人方が不老長寿の願望を述べておられる。

答：似た状況の例を挙げれば、マラソンで出発時の体調が不良なの
　　に1等賞を切望されるようなもの……基礎資格と言えないか。

声2　飼育動物は歯がなくなっても人のお世話で長生きをする。

答：それは介護老人も同じ。ところが動物は猿でさえ親の口に餌を
　　運ぶ習慣はなく、歯のない動物は生存できない。また人間でも、
　　欧米では、尊厳に反するとの考えから自分で食べられない老人
　　への食事を介助せず、これにより「寝たきり老人」はいない、
　　と聞く。

声3　デイサービスでの経験では、ゲームなどで活動的な方ほどご自
　　分の歯の数が多い傾向にある。

答：歯の数と"生命の活性"は基本的には"並行する"のだね。

声4　総入れ歯であっても調理の発達により栄養摂取には大きな支障
　　はないと思うが。

答：「自分の歯で食べる」という意志の力が長寿に繋がる……誰に
　　も見られる現実である。

1) 新谷「曾祖父母の進化」福祉における安全管理 #215, 2011
2) Rachel Caspari "The Evolution of Grandparents" *Scientific American* August, pp.24～29, 2011.

福祉における安全管理 #570　2016・3・21

Ⅲ　長生きの秘密

10歳ごとの華

今日は、10歳ごとの "人生の華" を語るとしよう。

① 10歳：この歳で一番目立つのは「視力の強さ」だ。松の葉は2本でセットだが、あなたは庭の松の枝を見上げて、葉の尖った先端がきちんと2本に見えるか？　西の空に架かった三日月の上下の端がボヤけずに尖って見えるか？　10歳の時にはそれらがきちんと見えたハズ。また、他人からの質問を肯定する時に「ウンそうだよ」と言っていた幼い過去と決別して、10歳なら「ハイそうです」と言えるようになった……思い出せば、懐かしいことだね。

② 20歳：憲法の保障する "成人" の歳だ。身体的にも十分大人となり、以後の一生を代表する検査値の血液の濃度や心機能などの標準値は20歳代の値が採用される。法的にも身体的にも "成人" に達したこの年齢頃に「結婚」するのが、私は理想的かな？　とも思う……だって三木露風の "赤トンボ" では「ねえやは15で嫁に行った」のでしょう？　シェイクスピアの劇で「ロミオとジュリエット」は16歳と13歳で恋に陥り悲しい結末を迎えたのでしょう？　けれど、今の日本では男女の初婚年齢が31歳と30歳だ……私らは用心深すぎないか？

③ 30歳：昔、私の尊敬する先輩たちが「齢ミソジに入ると、廊下を走るのも階段を上るのも息切れする！」と会話しているのを聞いて驚いた。"ミソジ" とは "三十路" と書くのを知ったのはずっと後のことだった。──最近のTVでは30代の女性さえも同じことを喋っている。私は "30代" こそを「人生の華」だと思っていたのでショックだった。だって、私と同年輩だったハリウッド名女優・エリザベス・テーラーは36歳で「お婆ちゃん」になれたのだよ！

135

④ **40歳**：2000年前のローマ帝国では40歳をもって国会議員の資格（元老・セナートゥス）とみなした——つまり「老人の始まり」「初老」である。現今でも「老眼や白内障」が始まる年齢であり、日本では「介護保険金を徴収され始める歳」でもある。英語では存在しないが日本語では「爺・婆」という言葉がこの年代から適用され始める——30歳で遅い結婚をして40歳でもう"爺・婆"と呼ばれるのか……それはせつないよなー！

⑤ **50歳**：織田信長で有名な「人生50年！」だ。戦前まで日本では"人生50年、軍人半額"と呼ばれ、軍人はお国のために25歳まで生きたあと国のご恩に殉ずるという精神だった。日本の平均寿命が50歳に達したのは昭和22年（1947年）である。今では人々は長生きになって官僚や会社の幹部が"天下り"を考え始める歳になった。

⑥ **60歳**：還暦だ！ 子供や親戚に赤い「ちゃんちゃんこ」を贈られ、座布団にすわって一同に長生きのお礼を申し述べた歳である。私も「贈られて」戸惑った——照れ隠しではないが、不思議な気分であった……60と聞けば凄い歳だが、その時自分はその半分くらいにしか思っていなかった。日本社会では60歳は「定年」、65歳以後は「高齢者・老人」と呼ばれ始める。だから歴史的には、これから先は人生の「オマケ」と考えられている。

⑦ **70歳**：元総理の小泉さんは、75歳の事を"末期高齢者"と呼び、あわてた厚労省は"後期高齢者"と言い直した、と言う。金食い虫の「年金・医療・介護」を政治家の目で見れば、75歳を"末期"と呼びたいのだろうが、世間からは猛反発を食らった——そりゃそうだろう、ホンネの言葉が"心を打つ言葉"とは限らないからである。

⑧ **80歳**：傘寿、パールの"特養"ご利用者の平均年齢（＝88歳）、日本女性の平均寿命（＝86歳）でもある。昔の標準で見れば、多くの傘寿の人の"死因"は「老衰」であった。そもそも稀な「古稀70歳」よりもさらに16歳も歳上だから「衰えて死ぬ」が言い得て妙だったのだろう。だが現在の問題は「延

Ⅲ　長生きの秘密

100歳以上高齢者数の年次推移

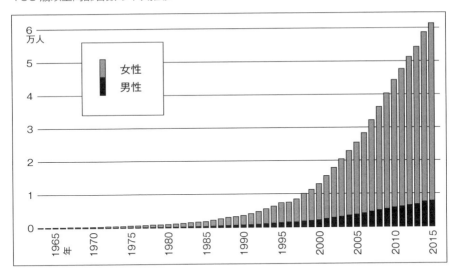

厚生労働省 男女別百歳以上高齢者数の年次推移より作成

寿はこの先、もっともっと」の時代になった。

⑨ **90歳**：卒寿、略字体の「卆」は九十と読める。傘寿・卒寿は平成の御世で脚光を浴び始めた名称であり、私の子供の頃には想像さえしなかった年齢である。考えてもみよう——2200年前、「不老不死」の薬を求めて"蓬莱国"（＝日本）に使者を出した秦の始皇帝は、絶大な権力者で、千年も万年も生きるつもりだったが、旅先で死んだ時は僅か51歳の若さだったそうだ。これに対して、パールの特養では90歳代は一番多いご利用者層でもある——何たる時代の変遷なのであろう！！

⑩ **100歳**：23年前の大スターは、何と言っても「キンサンギンサン」、双子の100歳だった。初めてのテレビの出演料、何に使いますか？　との質問に対して「老後のためにとっておきます」と語り、全国の視聴者を大笑いさせた。

2015年には100歳以上の人が6万人を超え、先行きネズミ算で増えるこの

"おめでたさ"に戸惑っている人々もいる。これもやはり「10歳ごとの華」なのであろうかなー？

福祉における安全管理 #523　2015・10・19

花の命は短くて

天才作家・林芙美子の小説（放浪記・浮雲）を読まなかった人でも、この
タイトルの一節を知る人は少なくない。

彼女は貧しい環境の中で才能を発揮し、心臓弁膜症の持病を持ちながらも驚
異的な豊作の作家生活をし、昭和26年、47歳の短い生涯を閉じた。

①「花のいのちはみじかくて苦しきことのみ多かりき」という句は林芙美子
が色紙などに好んで書いた短詩である。女性を「花」にたとえ、楽しい時期は
短くて、苦しい日々が多かった自らの半生を謳った。

平均寿命が50歳のあの時代、女性がどんなに華やかであっても、運命の力
には勝てなかった。日本の過去、幼児が感染するリウマチ性心臓弁膜症は頻度
が高く、女性では妊娠・出産で体力を使う30歳代で亡くなるというパターン
が大多数だった。林芙美子もこの流れの犠牲者だったのかも知れない。でも、
弁膜症は昭和50年頃に医学の成果でほぼ根絶された。彼女もあと25年遅く生
まれていたならなー！　と悔やまれる。

やがて経済バブルが訪れ、栄養と生活条件の整った昭和60（1985）年頃には、
日本女性の平均寿命は世界一にのし上がり、バブルの頃にはテレビや雑誌で次
のようなフレーズがはやった。

②「花の命は長くして、楽しきことも増えにけり」。この歌は頭記の句をも
じったものであり、華やかな日本女性の進出ぶりが伺える。

そのうえ長寿の鼻息が荒い2000年には介護保険が導入された。パールの特
養の入所者の80%が女性であるが、長生きの権化である女性たちがさらなる
老後を目指して施設で介護を受けておられる。林芙美子もブッタマゲの時代
だった。

ところが、この1～2年、長い花の命の揺れ戻しが来たようである。最
近、パールのご利用者の家族にインフォームド・コンセントをする時、新しい

覚悟が必要になった。なにせ、ご高齢に重ねてのご高齢！ その高齢の「身体的特徴」としてどなたにも「廃用萎縮」が訪れる——体は小さくなり体格指数（B.M.I.）は 12 に近づき[1]、天寿にも終わりが見え、ご自分の過去を忘れる。ご家族に説明すると、多くのご家族はご本人とともに闘って来た数々の病魔・大変だった過去を語られる。それを聞くと、私は"ご本人の長寿もタダで達成された今日ではなかったのだなー"としみじみ感じる。

③「花の命は長すぎて楽しき事も忘れけり」（冨士雄作）。そうなのだ。ほんの 10 年前までは「丈夫で長生き」が合言葉の日々だったが、今は「長生き」を求めつつも、「長生きに疲れた」人々に接する場合が増えて来た。私は思わず林芙美子の句を思い出し、こんなふうにもじってしまった。

高齢者の健康は今は効率よく守られる時代だが、やはり「寄る年波」には体が保たれても心が叶わない。私は、以前にも述べたように、今天寿 120 歳が噂（うわさ）される中[2]、身体の長命だけを追う時代ではない、「人の道」にも思いを巡らさねばならないと思っている。

考えてみれば身体の遺伝子は私たちを「50 歳の更年期」まで無事に守ってくれた。だから、更年期以後は不相応な延寿を追い求めるだけが人生ではない。私たちは今日まで元気に生きて来られたのだ、という感謝（家族・地域及び社会）を念じて生きるべきではないだろうか。つまり私の新しい合言葉は

④「五十路（いそじ）越え感謝の言葉は幾重にも！」（冨士雄作）。

職員の声

声1　現代は「高齢のうえに高齢を重ねた時代」である。そうして得たモノは「忘却」と「廃用萎縮」！ ちょっと残念だな！

答：林芙美子は「忘却」の年齢に達するまえに逝ってしまった……もし現在の「過剰と萎縮」の齢（よわい）まで生きていたら、きっと「命の不足」を謳わなかっただろう。

声2　私は思う。今は介護をするもされるも疲れ果てている人も多い。
「スーパー延寿時代」をどう生きるべきだろうか？

答：ひところ「胃瘻や点滴」など日本独自の延命が大流行だったが、
最近、このことを再考する時期になってきている。

声3　人が動物寿命の30歳なら人の役目は子孫繁栄で達成、人間
寿命の50歳なら人の役目は文明継承で達成、では介護寿命の
100歳ならどんな役目で達成となるのだろうか？

答：更年期の50歳はヒト遺伝子の縄張り範囲で物事は達成される
……林芙美子も47歳没だから物事はすべて達成範囲の人生
だった……もし100歳まで長生きしたら、新たに達成されたも
のはナシ、と嘆くかも。

声4　彼女の時代は「生き延びること」が至上命令。ヤワな現代の人
に「QOL（生活の質）」や「尊厳死」の深い意味が分かるだろうか？

答：更年期を過ぎたら多くは社会との関係がうすくなるようにな
る、更年期以前の人が定義する QOL・尊厳死の意味とはかな
り別物になるのは やむを得ないだろう。

---

1) 新谷「天寿の最期は B.M.I.≒12.2」福祉における安全管理 #34, 2010.
2) 新谷「ついに600歳か？」ibid. #401, 2013.

福祉における安全管理 #402　2013・3・1

IV アダムより幸せか

長生き・幸せと認知症

人は「長生き」と「幸せ」を求める生き物である。これらを求めない者は「赤ちゃんか認知症」ではないか？

① まず話題を2つに分け、「長生き」を考える。

長生きの長さは"数値"で表されるから分かりやすいだろうか？ 日本女性の"平均寿命"は世界一の長寿で「86歳」、歴史が始まって以来の最長寿記録だ。つまり日本女性は「長生き」を達成したチャンピオンであって、「長生き」に関する限り"最大に幸せ者の候補"と言える。

だが果たして長生き＝幸せだろうか？ 90歳（卒寿）の女性に尋ねてみると答えはたいていこうだ──「いくら寿命が長くても"健康"でなければ『幸せ』とは言えません」と釘を刺す。

そう言えば近年、「健康寿命」「依存寿命」という表現が導入された[1]。健康寿命（図参照）とは、他人の助けなくして健康に過ごせる人生を、依存寿命とは、"健康寿命"を通過した後病気や介護などで他人への依存が必要になった余生を言い、両方を合算したものを平均寿命と言う。

1945年終戦の時期、戦争・戦災で若い人の死が多かった。この時平均寿命が極端に減った時があった。

昔、人生50年の時代には、依存寿命という概念はなく、健康寿命が終わったらもう人生は終わりだった。戦後、寿命が86歳に延びたが、そのうち健康な部分は73年、後の13年は病気だ。つまり、長生きとは「元気のあと続く病気」の合算期間である。

人間、90歳頃を越えれば、日々他人の助けを得て生きるようになる。つまり、歳をとれば100％の健康長寿とは言えなくなる。

「元気で長生き」と言う言葉は、人生50年の元気時代の言葉であり、その

144

"長生き"の年限はせいぜい還暦（60歳）とか古稀（70歳）の事であった。今のお年寄りが口にする「長生き」は100歳代越えの願望であって、還暦や古稀のような若い年齢は「長生き」とは呼ばなくなった！ しかも、「長生き」は100歳で終わらず、その先に繋がり、果てることがない！……今や長生きは数値では表せない時代になった。

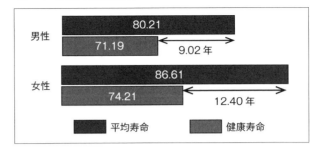

図　平均寿命と健康寿命

厚生労働省 健康日本21(第二次)各目標項目の進捗状況より作成

② 次の話題「幸せ」に移ろう。

　もし、「努力とか喜び」という抽象名詞なら、あなたは頭の中でそれを「絵」にして描くことが出来るに違いない……しかし「幸せ」をどんな絵で表せば良いのか？ また、これを「長寿」のように"数字"で表せるだろうか？

　WHO（世界保健機関）は独自の点数配置で世界の国々の幸福度を採点し、一般に開発途上国で幸福度は高く、欧米では低いと断じ、日本は諸国の中で40位であった、と言うがどう思うか。文明の生活から離れ、天然の生活に戻り、文明の悪におぼれるな。電気、水道、下水道、医療品のない生活でよいのか？ あなたが思う「幸せの点数」とは、きっと別なものに違いない。

　ところが、認知症の特徴は「記憶と見当識の喪失」であり[2]、物事の抽象能力が無くなるから「長生きや幸せ」のような感覚は本人が理解できなくなる。つまり、大脳機能の低下する認知症では、すべての感情は枯渇し、本人自身がボケてしまって、そもそも何を求めたのか結局は"訳が分からなくなってくる"のである。事実、お年寄りは滅多なことに「私は幸せ！」と言って下さらない。

「幸せ」という言葉は、国や社会、個人によって意識に出たり消えたりする。「長生き」は数字で表されるから"客観的に"議論されるが、「幸せ」は"主観的すぎて"本人の口からの出るにまかせる事となる。しかも現在は介護保険の時代であって、「長生きと幸せ」は単に物事の"まくら言葉"になってしまい、言う人も言われる人も、何を語っているのか、これ以上深い議論はできないように思う。

要約

① 昔は"人生は50年"、戦後老人の定義は65歳、今女性の平均寿命は86歳、人類の最高年齢122歳……、どの歳を越えたら長生きと言えるのか？

② ヒトは"認知症"になってしまえば、「長生き」の意味が"猫に小判"となる。

③ あれほど大事だった「幸せ」の意味は「ボケた」老人には認知できなくなる

職員の声

声1　長寿になれば"長生きや幸せ"の実感が薄れてくるのか？

答：「元気で長生き」というモットーは老人に伝えても"馬の耳に念仏"……だって現に元気で長生きしているのだし、若い時代の感激は消えているのだし。

声2　99歳の老人が血管手術を受けて透析を始めた例がある……これは幸せなことか？

答：たぶん、誰も眉をひそめるだろう……片やイギリスでは国家予算の都合で透析定年は60歳としているが……日本ではそれは可哀そうと言うに違いない。

声3　「ボケず」に死ぬのと「ボケて」死ぬ、どちらが幸せだろう？
答：人生50年の昔には「ボケず」に死んだから"死は不幸"だっただろう——今は「高齢ボケ」で死ぬ時代だから"幸・不幸"を尋ねるのは適切ではない。
声4　福祉制度によって、現在は長命を保証されている。
答：現代は、年間10兆円もの予算の下に人々は生きているので、昔に比べて「長生きの幸せ」は著しく増えたハズだが、人々はそう感じているだろうか？

1）新谷「健康寿命の帰趨(きすう)」福祉における安全管理 #510, 2015.
2）新谷「中核症状と周辺症状のおさらい」ibid. #558, 2016.

福祉における安全管理560　2016・1・16

死期猶予30年と介護界

　私たち"素人頭"でどこまで先が見通せるかは問題であるが、素人だからこそかえって個別事情に惑わされずに先が見えるかも知れない。

　人口問題を考える時、いきなり抽象的な論議はムリだからまず分かりやすいサンプルを頭に描こう。今ここに人口1億人の国があったとする。そこでは毎年100万人が生まれ、100年の寿命を持ち100歳で逝くとする[1]。すると、その国の人口はずっと1億人のまま平坦に100歳で継続する訳だ。

　実際の出生・死亡の数はまちまちだから複雑な図が得られるが（図）、生まれた人はいつかは死ぬ、という因果関係は単純なハズである。人口は「生まれた数と死んだ数の差を時系列で並べたもの」で判定されるから、この順で頭を整理してみよう。まず"図の上の列"——出生数の経過を観察する。明治後期（1900年）から終戦（1945年）までは「産めや増やせよ」の掛け声とともに出

図　出生・死亡数　この図を二瘤駱駝（ふたこぶらくだ）という

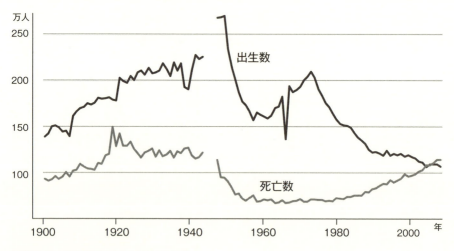

厚労省「人口動態統計」2012年より作成

IV　アダムより幸せか

生数が激増した——特に日露戦争・第1次大戦・第2次大戦の時期、時を刻んだかのように著しく増えた。終戦後、人々の復員と平和の下で出生数は「二瘤駱駝」の増加を示し（1947年、1973年）、これは“団塊の世代の親子”と呼ばれる。この増大はバブルの鎮静化（1990年）で落着し、以後徐減を続けて現在に至る。途中、切れ込みがあるが（1966年）、これは“ひのえうま年”の迷信による出産減少である。

　次に“図の下の列”死亡数の経過を見よう。戦前の死亡の特徴は3つある。
　（イ）乳児死亡の高値。
　（ロ）結核による若年者死亡。
　（ハ）更年期前後の早期死亡で代表される。

　（イ）は相当なものであり、乳児死亡率は150 〜 170に及び、江戸時代と大差ない高水準であった（死亡率は千人当たりの年間死亡数で、現在の日本の乳児死亡率は2になった）。（ロ）は20歳前後に多く、（ハ）は当時の寿命年限40 〜 50歳であった——つまり戦前の死亡は若年タイプであり、“多産多死”の特徴を持っていた。

　驚くべきことに、戦後出生数は激増したのと対照的に死亡数は激減——しかも30年間は低値に留まった。その原因は「平和と医療の発展」であろう。だがこの幸せも1980年で終わった。ナゼか？　その理由は、「死期猶予」にある。つまりこういうことだ——人間生まれれば、一定期間後に必ず死ぬ。明治・大正生まれの人は“人生40 〜 50歳”の時代の人だから、1950 〜 60年頃には死ぬハズであった。ところが戦後平和と医療の発展が訪れ、突然“死期が30年ほど猶予”されたのである。このことを「人々の天寿が延びた」と錯覚してはいけない、単に環境要素の好転により死期が平均30年ほど猶予されただけの話だ。“麦の刈入れ”の比喩で言えば、未成熟の刈入れではなく、完全成熟まで待って、刈入れられたようなものだと言える。

　その証拠として挙げられることは、1980年以降の死亡者数の増加である。

149

つまり 50 歳代を通り越し、死期猶予 30 年をボーナスとして貰った老人たちは天寿（86 歳）に達して予定通りのペースで逝き始めたのである[2]。この "死期猶予" は 30 年間だけであり、それが天寿死期延長の限度なのであろう[3]。超高齢者の薄くて皮下出血しやすい肌に触れてみると、この事が納得される。仮に病気がなくても、ヒトは "千寿万歳" という訳にはいかないようだ。

　振り返ってみれば、戦後の出生数が表れている前頁のグラフ、二瘤駱駝は著しい大きな峰であったが、この人たちもいずれ介護を必要とする老年期が来る。その頃になれば被介護者の著しい増加により介護界はますます繁盛・混雑するハズだ。問題は介護に当たる職員数の減少予想である。日本の人口はやがて 1 億 3 千万から 1 億を割り込み、一部の人が "老人を支える若者がいなくなる" と騒いでいるが、果たしてそうだろうか？

　前頁の図の右端を見れば、死亡者の主体は平均寿命（87 歳）が尽きた老人たち[2]であって、その時点の赤ちゃんはあと 20 年もすれば元気で介護に従事できる。つまり総人口減少の主因は老人の減少に原因があり、介護すべき老人数が減るのだから "老人を支える若者" は楽になるハズなのだ。だから、国の人口は "多々老人口" を維持する必要はない。老人の比率が少なくなれば、人口は少なくなっても元気満々の未来が開けるハズである。

要約

① 戦前の人口構成は「多産多死」であった。戦後の出生数は大幅に増えたが逆に死亡数は著しく減少し、"死期猶予 30 年" の特殊現象が観察された。

② この結果、平均寿命は 50 歳代から 80 歳代に猶予され、国は繁栄した。

③ 近年この猶予年限が尽きた結果、死亡数の増加が元のペースに戻った——以後の半世紀、介護界は「少産多死」で大繁盛、大混乱が発生すると予想される。

IV　アダムより幸せか

職員の声

声1　"戦後、死期が30年ほど猶予された"という考え方は「大発見」だと思う！ 数字の30年は単なる結果として見ると面白くないが「意味づけ」して理解すると面白い。

答：人生は50年と言われてきたが、それはまだ死ぬべき年齢ではなかった——これに30年が加わり人生がようやく天寿に熟したのだ——この解釈は意義深い。

声2　ベビーブームで生まれた人たちはもう65歳前後であり、あと20年ほどで「天寿」に達して亡くなって行く。

答：もし"死期猶予30年"が無かったのなら今日この頃彼らは老衰死の真っ盛りであっただろう——それほど死期猶予30年は大きいインパクトを持つ。

声3　平均寿命が30年延びても結局人は死んでしまう。"ヒトは死んではいけない"と思っていた私の目からウロコが落ちたような気分である。

答：30年の死期猶予は巨大な恩恵である——戦前の日本にはこれが無かったし、アフリカや開発途上国では今でもこの現象はナイ！

声4　グラフを見ると、老人の今後の死亡増加傾向は半端ではない。

答：1900年頃に生まれた明治の老人たちは1950年頃に逝く運命だったが"死期猶予30年"のお蔭で遅ればせながら1980年から逝き始めた。今後は大正〜昭和初期の"産めや増やせよ"時代の老人と団塊世代の大量老人が逝き始める——この混乱を避けることは出来ない→対応に知恵を絞れ！

1）新谷「各国寿命の推移：五つのハテナ」福祉における安全管理 #439, 2014.
2）新谷「究極の寿命分布」ibid. #453, 2014.
3）新谷「延寿の一服論」ibid. #451, 2014.

福祉における安全管理 #460, 2014・7・18

100 歳の壁

　ちかぢか平均寿命は 100 歳にまで増える、と聞くが[1]、いったいいつの事だろう？　多くのご家族も「……なんとかうちの母を 3 桁にしてください…… お願いです」、とおっしゃる。

　それほど 3 桁（100 歳）は魅力的なのであろう。現状で言えば、男女合わせた概算は日本の総人口＝約 1.3 億人、100 歳＝約 2 万人であるからその比率は 0.0002％（人口 5 万人につき 100 歳は 1 人）となる。100 歳以上の総計は 6 万人で、毎年少しずつ増えている。今日は、100 歳の壁が人口的にどんな意味を持つものかを 3 つのアプローチで概観する。

　① **各年代の人口分布**（図 1）──簡便のために図は男性のみを示す（女性も 70 歳以降はほぼ同じ）。
　上図：1920 年（大正 9 年）
　　人口：5 千 600 万人
　　人口は 10 歳以降、85 歳に向かって直線的に減少する
　　　屈折年齢 =10 歳
　下図：2015 年（平成 27 年）
　　人口：1 億 3 千万人
　　人口は 70 歳以降、100 歳に向かって直線的に減少
　　　屈折年齢 =70 歳
　上下の図は時代が約 1 世紀離れており、人口は 2.3 倍に増えた。
　上図では 0 歳児が 95 万人産まれた。
　ただちに 70 万人に減り、10 歳あたりで右下方に折れ曲がり、以降は 85 歳に向かってほぼ直線的に減少する。したがって、屈折年齢[2] は 10 歳で、典型的な古典型の人口パターンである。65 歳以上の老人部分は極めて僅かだ。
　下図は、0 歳児が上図の半数。
　続いて右に向かい増大する二瘤が特徴的（団塊の世代）。70 歳前後の窪みは

152

Ⅳ　アダムより幸せか

図1　各年代の人口分布

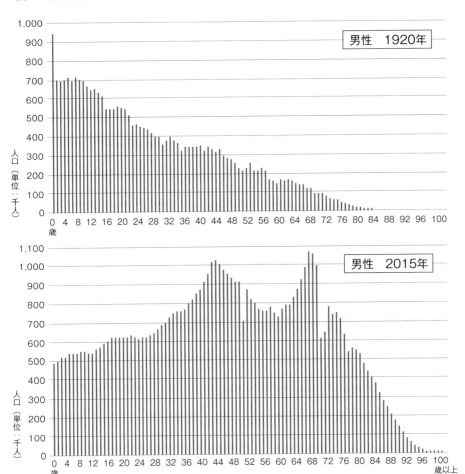

総務省統計局統計データより作成

終戦前後の危機。そこ以後は右下方に折れ曲がり100歳に向かって直線的に減衰、つまり屈折年齢は70歳である。

　上下の図を比較して異なる点は、
　（イ）子供の数はあまり違わない
　（ロ）年齢に沿って人口が減り始める点＝屈折年齢は上図で10歳、下図で
　　　70歳

図2　64歳以上の人口

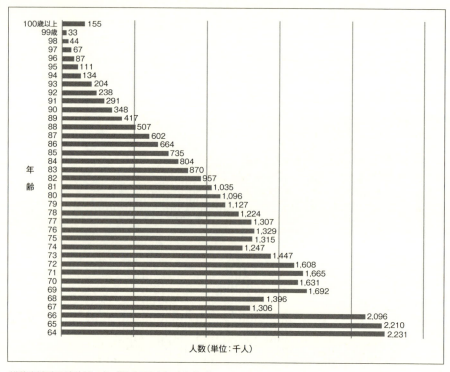

総務省統計局統計データ（平成26年）より作成

（ハ）老人の数は驚異の差！
（ニ）老人の終点が上の図・85歳、下の図・100歳

　屈折年齢（高齢者の人口が減り始める年齢）はどの国にも必ず観察され、日本やスエーデンは70歳、トルコは50歳、アフリカは0歳など、各国の福祉状況によって異なる[2]。

　② 64歳以上の高齢者部分（図2）——各柱の右の数値はその年代の人口を示す（単位：千人）。
　この図で読めること：
　(a) 64・65歳の約220万人は日本最高値であり、その上側に終戦前後の人口減少の揺れがある。

(b) 70歳あたり以後は加齢とともにほぼ直線的に減少して100歳に至る。つまり30年間で70歳の人口がゼロになるので、人口は毎年3.3%ずつ減少する。このパターンは日本の他に北欧4カ国・フランスだけであり、他の国の屈折年齢はより低い値に分布する[2]。

(c) NHKは、30年後の日本は平均寿命が100歳になると予想した[1]。つまり今の男子平均寿命80歳だが、それが右方向の100歳に移動することを意味する。すると、図に従えば、現100歳人口（2万人）が図の80歳（100万人）に入れ替わってしまう。そのうえ100歳を超える人々が延々と右側に並び、今120歳の人は1人以下だが、それが2万人に増える。もしNHK予想が実現したら、世界はビックリの世の中になるだろう。

③ **加齢の困難度を最後に示す。**

図の柱の右に記載されている数値の割り算から、その困難度を推定してみよう。70歳人口を80歳人口で割れば約1.5、80歳人口を90歳人口で割れば約3……のように演算すれば図3が得られる。つまり70歳が80歳になると

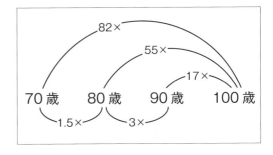

図3　加齢の困難度

きの困難度は1.5倍に増え、80歳が90歳になる時は3倍に、90歳が100歳になる時は17倍に増える。同じ10年ほど長生きするのに100歳のまえには巨大な「17倍ほど困難という壁」が見えるだろう——現代人は90歳になるのは容易だが、100歳になるのはとても難しいのだ。

特養パールに入所しておられる現在の利用者数を5分類してみた（2017年）。60代（0%）、70代（8%）、80代（54%）、90代（36%）、100代（2%）……つまり、80代が一番多い。80代を乗り越えられた人は90代になり、97・98・99歳まではいくが、100歳代は常に稀で、「百歳の壁」という言葉は現場の印象

をよく反映している。

　もし100歳を超えたらどうなるか？　以前にも述べたが[3]、100歳代 と言えば洋々と広いけれど、実質的な生存上限は「105歳」で終わってしまうので、統計的な分析はできない。すなわち、上記の年齢の節々の所見から見て、人類の遺伝子は「50歳の更年期・70歳の屈折年齢および100歳の壁」という3つの臨界年齢を持っていることが分かる。医療・福祉家の心得となるのではないか。現在100歳以上の方は7万人、そのうち女性が85%。

要約

① 100年前と今の老人数を目視的に比較すると天地の差があり、多々老少子が明瞭だ。
② 10年ごとの生存困難度を比較すると、100歳のまえに大きな壁がある。
③ 人類の遺伝子は3つの臨界年齢を持ち、それは「更年期50歳・屈折年齢70歳および"生存の壁100歳"である。

職員の声

声1　人類には3つの「臨界年齢」があり、ホップ・ステップ・ジャンプと覚える……4つ目のステップは無いのか？
答：3つ目を通り越すのは百歳越えであり、これ以上の長命は非常に困難となる。
声2　人生の終点は100歳らしいから、自分の年齢を100から引き算すれば、今後の自分のビジョンが見えて来る。
答：その意味で言うなら「余命表」が役立つ……たとえば、今60歳男とすれば余命＝23.5年と読める……余命については次回のお話で解説する。
声3　105歳の人が稀なのに、平均年齢がやがて100歳になると予想するNHKはどんな根拠なのか？

> 答：過去の成績で将来を予測する過誤を犯しているのだ。
> 声4　日本や北欧諸国では多くの人たちが70歳まであまり間引かれずに生存できる——それが「屈折年齢」[3]の考えになったのか？
> 答：その通りである……人類および各国の事情は様々であるにも拘わらず、屈折年齢の現象には目を見張らせられる。

1) 新谷「寿命の延長はどこまで続く？」福祉における安全管理 #516, 2015.
2) 新谷「屈折年齢と福祉」ibid. # 579, 2016.
3) 新谷「超高齢にたまげない」ibid. #611, 2016。

福祉における安全管理 #619　2017・4・24

ヒトはライオンの３倍生きる！

　日本のお年寄り、世界一の長命なのに、もっともっと長生きしたいと切望される。じゃ、どれくらい長く？　と尋ねれば"ひ孫の結婚式まで"とおっしゃる。まあ、何と明るく元気なのだろう！

　そこで思いを馳せてみる……我々は全動物の寿命の中でどれくらいの位置にいるのだろう？　動物は種によって大まかな寿命が決まっている（図１）。左上のトンボ……ひと夏の寿命で終わりだ。案内の線に沿ってトガリネズミ・モグラ……と進めば寿命１年・２年の小動物が見える。小動物は、捕食されることが多いため早ばやと子孫を残し、自らは短命である。大型の動物は天敵が少なく、ゆっくりと長命だ。

　狐→羊→牛と体が大きくなるにつれ寿命は延び、更に、体の大きいライオン30歳→河馬40歳→象50歳のように長命となり、確かに体の大きさと寿命は並行しているし、学説によると「寿命は体重の立方根に比例する」と言われる。ところで体重が「羊」並みのヒトの位置はどこか？　よくよく図を見ると、ビックリするなかれ、ゾウを遥かに引き離し、ライオンよりも３倍の高い位置にヒトがいるではないか！　つまり**寿命の点でヒトは百獣の王と言えるのだ!!**
　これにはキチンとした理由がある。がんらいヒトも温血動物の一種であるから、学者の計算式によると、体重に見合う寿命はライオンの「30歳」近辺のハズという。事実、野生動物と同じような自然環境下の生活をしていた古代の縄文人は30歳前後の寿命であった。
　その後、歴史のうつろいと知恵の発達により、平均寿命は江戸時代35歳・明治40歳・昭和50歳へと延びて来た。更に、戦後の70年間の福祉で寿命は一気に90歳まで延びた。
　このことから、**寿命の延長は人間の「知恵」に大きく依存している**ことが理解される。逆に言えば、もしヒトにこれという「知恵」がなかったのなら、ヒ

IV アダムより幸せか

図1 動物の寿命

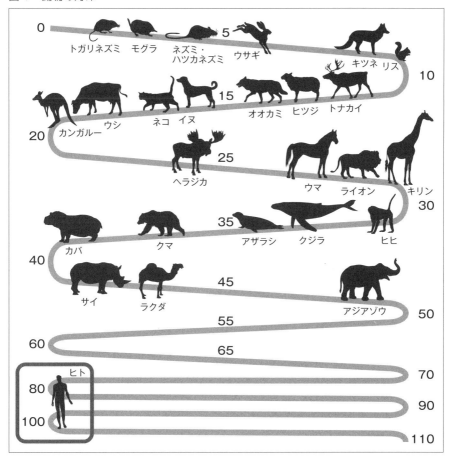

トの寿命はライオン並みの30歳に留まっていただろう。我々が今過分にして90歳まで生きることができるのはまったく「知恵」のお蔭であることをキチンと頭に入れておこう。

さて、図2は戦後ヒトの寿命がどんな要因で変わってきたのかを示す。死因には「3大疾患」というのがあって、癌・心臓病・脳卒中が特筆される。
① 癌は年ごとに増え、今では死亡原因の1/3を占め、戦前の結核に相当している。

図2 死因別死亡率

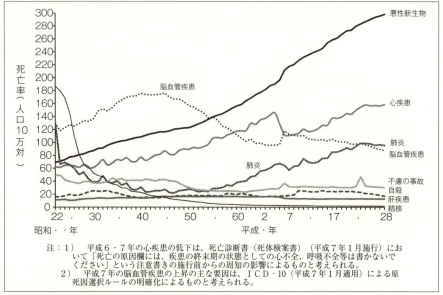

出典：厚生労働省「平成28年 人口動態統計」

② 心疾患は図面上は多いけれど、その実態は「老衰による心不全」がまざって診断されているから、実際の心疾患はこれほど多くはない。

③ 脳卒中は昔多かった診断名だが、今、この病気の慢性経過のゆえに、死亡時の診断名としては少数となった。

④ 変わって増えたのが肺炎である。戦前にも多かった肺炎は「細菌性」肺炎で、結核と似たような感染症であるが、今はほとんど無くなった。戦後の肺炎は老人の摂食困難が理由で、間違って食物を肺に飲み込む「誤嚥性」肺炎である。同じ「肺炎」とは言うが、両者はまったく異なった病気である。

これら戦前・戦後の死因の特徴を比べると——戦前には「感染症で若年層」が多数死亡……これに対して戦後では「変性疾患で老人層」が世を去ることであり、まことに対比的である。そもそも病因を3つに大分類すれば「外傷・感染症・変性症」であるから、近年の若者が感染症で死ななくなったことは大変に有難いことであり、また老人が使い古した臓器の変性症で世を去ることも道理に叶っていると言えなくもない。

IV　アダムより幸せか

　図2で表されていなかった大事な疾患＝認知症の意義も強調したいと思う。これは私の提案であるが、人間が病気と接触するのは次の順である——若年の「感染症」→中年の「生活習慣病」→初老の「癌」→これらを皆パスして生き残った幸運者が→ 老年期の「認知症」……こういう順だ。これ以後はもう無い！ だって、もしこの先寿命に恵まれても、肉体はついて来ないだろう。

　感染症は「悪」が体の外から持ち込まれた訳であり、それへの対処法は確立されている。生活習慣病は文明病でもあり、「自業自得」の要素が大きい——糖尿病・高血圧・脳卒中など、対応は四苦八苦だ。「癌」？ これは半分「自業自得」であり、半分は老人病だ……癌が撲滅される夢はいずれきっと叶えられるだろう。

　最後の老年期の認知症は？——ヒトがこれに罹る年齢はライオンの寿命のおよそ3倍も多い。ところで、野生動物は決して認知症に罹らない、ナぜって、彼らは「上記の絵」で定められた天寿の範囲でしか生きられないし、よぶんな負担を脳に掛けてもいない。

　ところがヒトは大脳の発達によって「子を産まなくなっても50年もの老年期がある」を開発し[1]、野生動物の3倍も長生きをする自由を獲得した。つまり ヒトの天寿50歳が90歳余に延びた訳である。この寿命延長は半端でないから、何らかの「ムリ」が大脳に溜まってしまったとしても不思議ではないだろう？

　皆さん方は、戦後、寿命がムリ無く延びたと思っているけれど、実際にはこの「ムリ」こそが認知症の根源になったのではないか？……つまりヒトは寿命の点で「百獣の王」となったが、その半端ではない寿命延長こそが認知症を招き寄せたのではなかろうか？ ナぜって、認知症は加齢とともに"倍々ゲーム"で増え、一向に収まる気配がないからである[2]。

　この考えは悲観ではなく、私は老人介護に従事する人々の楽観として役立たせて貰いたいと思う。

161

要約

① ヒトの天寿は諸動物の中で不相応に長く、これはヒトで特に発達した「知恵」のお蔭である。

② 近年の死因の流れは「感染症→生活習慣病→癌→認知症」と進化し、ライオンの3倍も長生きするようになったが、ついに年貢の納め時が来たようだ。

③ ヒトには大きな「知恵」があるけれど、「心身の寿命」には天井があることを自覚せねばなるまい……この思考は悲観ではなく楽観として受け止められる。

職員の声

声1　ヒトは「知恵」のお蔭で90歳を超えて長生きできるようになったが、「幸せ」を手に入れたか？

答：一般に老人は「幸福感」に乏しくて、ご本人の口から出る言葉は「辛い！」が多く、介護の世界で長生きの身を「幸せ」と言う人は少ない。

声2　私には生活習慣病があってそれは自業自得と承知しているが、後は認知症で一生を終わるのか？

答：高齢で認知症になって、他人のお世話をたっぷり受けて世を去る……これ以上の幸せがあるだろうか？

声3　本文の絵を見てすぐ理解されること、つまりヒトはこれ以上長命になるハズはない……他の動物と同じような関係で100年後も今のままだろう。

答：ある放送では、ヒトの平均年齢は過去の延びから計算すると30年後には短絡的に86歳→100歳に延びる、としていた……この絵を見せてあげたいね。

声4　つまり、ヒトの寿命は脳の寿命と言えるか？

> 答：まさにその通りであって、脳の退化が認知症を導くから、苦しみのない終焉(しゅうえん)の工夫が期待されている……認知症の後になおまだ未知の病気があり得るとしても、ヒトの肉体はもうそこまでは付き合えない。

1) 新谷「遺伝子の新しい指令」福祉における安全管理 #600, 2016.
2) 新谷「木を見て森も見よう」ibid. #598, 2016.

福祉における安全管理 #616　2017・3・1

寿命、え？ 1000 歳？

　寿命って何なのだろう？

　日本の女性の平均寿命は、介護保険が始まった 2000 年（84 歳）から 2007 年で 2 歳増え（86 歳）、2018 年で 87 歳。以後 8 年間ほとんど停止のままである。2007 年から 11 年間延び続けていた寿命の増加はナゼそこで止まったのだろう？[1]

　そこでまず寿命の実態からスタートしてみよう。人間の最大寿命はフランス女性のジャンヌ・カルマン 122 歳である[2]。そのため、人類の寿命限度は「120 歳前後」だろうと想定されている。

　ここで混乱を避けるために「寿命」の意味を検討しておく。動物の場合は、"野生寿命" と "飼育寿命" があり、一般に後者のほうがずっと長い。動物の例では犬 29 歳・猫 36 歳は "飼育下の最大寿命" であるが、彼らの末期は人と同じく認知症である。

　ヒトの場合は「健康寿命」と「介護寿命」に分ける。昭和時代前半は「50 歳代の健康寿命」であり、平成時代は、"医療・介護" が加わった「80 歳代の介護寿命」が増えている、と考えるのが適当ではないか。

　歴史上の寿命は "空想" にも注意すべきだ。たとえば人類の始祖と言われる聖書の「アダム」は 930 歳、日本の初代・神武天皇は 127 歳、12 代・景行天皇は 143 歳であって、これは「空想寿命」であり、ただ微笑むほかはない。

　私が調べたところ、同じ天皇家であっても、17 世紀以後近年 15 代の天皇の場合は平均 55.2 歳（21 〜 84 歳）、同じ時期の徳川将軍 15 代の場合は平均 51.5 歳（8 〜 75 歳）であった。つまり、「寿命」と言っても、「空想寿命」は「実記録寿命」に置き変わって行くものなのである。

　古今東西、長寿の願望は "人間の歴史" とともに古く、"兵馬俑" で有名な

Ⅳ　アダムより幸せか

「秦の始皇帝」は、国を治めた 2000 年前、万全の「不老長寿」の方策を練った
が、運悪く旅先で死亡したのは 51 歳の時であった。いくら古代だからと言っ
てもこれでは"長寿"とは言えないだろう。では、いったい人は何歳まで生き
たら「真の長寿」と言えるのであろうか？

　世界には「長寿学者」や「長寿研究所」がいっぱいあり、意見はたいへん賑
やかである。ここでは 2 つの考え方を紹介しよう。
　①アメリカの病理学者ロイ・ウオルフォード教授 75 歳 [3] は人類が火星で生
活するための研究を行い、アリゾナ砂漠で 2 年間の自活生活の研究を行った。
そこから得られた成績で、人類は 600 年ほど生きられると発表した。長命達成
に必要な実務的条件は「事故と感染症防止、免疫維持、それに徹底したカロ
リー摂取の制限など」を挙げている。なるほどみなもっともな説であるが、現
実の 600 歳はまだ存在していない！
　②最近ヒットを飛ばしている研究者はケンブリッジ大学の老年医学研究者
オーブリー・ドグレイ博士 52 歳 [4] であり、人間は 1000 歳を達成できるとい
う研究成果を提示する。彼によると、老化は「病気」だと定義し、その原因の
7 種類を潰して行けば死は克服できると主張する。"7 種類の原因を潰す"って、
それは人を壮大な"過保護"の下に置く、ということであり、そのコストはい
かばかりであろうか？

　これらの 2 人の学者に限らず、法外な長命を予言する研究者に共通するこ
とは、彼らはみな"遺伝子の学者"であることだ。遺伝子は「たった 4 種類
のアミノ酸」で構成されている。そんな単純な構造物がなんで人間のような
複雑な動物をつくるのか、この事実のまえに誰しもが神秘な魔法に襲われる。
で、人の遺伝子寿命が僅か 122 歳ごときで収まるハズはなかろう、と気分が弾
む。そして、現実の人体を離れ、遺伝子だけの分野で長寿研究に励み、600 歳
だ、1000 歳だ、との展望が現れる。

　がんらい人間は長寿願望を持つので、人々はこれら遺伝子学者の威勢のよい
長寿学説を楽しんで受け入れる。これに反して、臨床に携わる医師・看護師・

165

介護士たちは鼻白んで、法外な長寿の話題にちっとも乗る気配がない。ナゼだろう?

　それは臨床家は現実の100歳の肉体がどんな代物であるかを知り尽くしているからである。つまり100歳（百寿）の肉体を素描すると──目は見えず耳聞こえずして鼻利かず、歯は全滅で、骨には骨折あり、お風呂やトイレは介助付き……こんな現実の100歳の肉体を目の前にして、なんで遺伝子だけを問題とする1000歳説に飛びつく気持ちになれるだろうか?

　そこで親・子・孫の流れを見つめてみよう。親は誰しも良い子を産み育て、素敵な仲間を獲得することを願う。また高齢になれば、もはや生物的な繁殖をしないけれど、子孫繁栄のための社会活動に参与し、心身の活力の限りを生きていく。珍奇な超高齢（600歳とか1000歳）の話題はおとぎ話として耳にするが、現実の人生は迷うことなく「幸せだった一生に美しい終止符」を打つことだ、と思っているのではないか。

要約

① 「寿命」にはいくつかの定義があるが、ここでは「健康寿命と介護寿命」を問題にした。

② 介護寿命は1000歳に及ぶが、肉体寿命の上限はまだ122歳のままである。

③ 人間は高齢になって実社会から隠退しても、「子孫繁栄の道」に協力することを決して忘れない。

職員の声

声1　1000歳はヨボヨボだろうが……現実に"お世話人"をどうして確保するのか?

答：1000歳はたぶん"呼吸するミイラ"状態と見られるので、1000歳計画まえにそのことを納得するお世話係の確保が大切だろう。

声2　動物は自分で食べられなくなったら「死」が訪れる。他方、ヒトは食事介助を受けて長命になれるが、国は予算欠乏で左前になる。

答：ヒトの歴史は「戦争・飢饉・病魔」への対応で忙しかった……それを卒業した日本は、新規に「老人の医療と介護対応という国難」に直面している。

声3　子孫繁栄からご縁がなくなる歳頃が「寿命」である、との見解は"正しい！"と思う。

答：過去40億年の地上生命が守った原則は、"親は子孫の繁栄のためにある"のであり、"子孫は親の安楽のためにある"のではない。この条理を間違えた生命は皆淘汰された！

1）新谷「日本女性の平均寿命は86歳か？」福祉における安全管理 #466, 2014.
2）新谷「122歳を目指す人のために」ibid. #575, 2016.
3）Gary Taubes: "Staying Alive" *Discover*, February pp.56 ～ 61, 2000.
4）ただ今、ネット上に多数あり

福祉における安全管理 #582　2016・6・15

屈折年齢と福祉

皆さん方は「屈折年齢」なんて聞いたことがないだろう。今日のお話のあとたぶん「なるほど！」と思われるに違いない。

まず、日本の過去の「人口ピラミッド」を"10年おき"に記録した有様を観察しよう（図1）。

図1　日本の人口ピラミッド

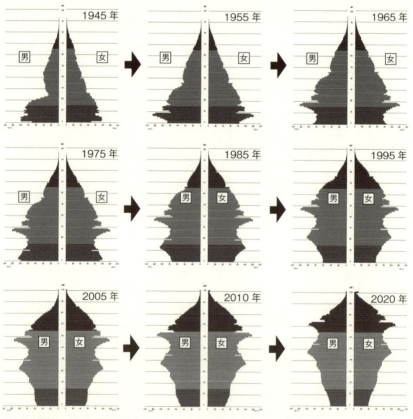

国立社会保障・人口問題研究所「人口ピラミッドの推移」を加工して作成

①　1945 年：終戦の年。男 20 歳代の部分が削り取られている……戦争の影響は歴然だが、基本的には「典型的な三角形のピラミッド」である。以後、10 年おきに観察すると、欠損した男の部分は上方へ移動し、70 年後には消えてしまった。

②　1955 年：第 1 次の"団塊児"がピラミッドの基礎部に参加した。それを 10 年おきに追跡すると、どんどん上方に移動する。30 年後の 1975 年には、第 2 次の"団塊児"がピラミッドの底に加わった。

③　2005 年：介護保険がスタートして 5 年目だ……第 1 次・2 次の"団塊グループ"がピラミッドの中腹を占め、国の生産性は最大化した。しかし、ピラミッドの上部は①に比べて 6 倍も太くなり、ピラミッドの底は 1/2 に減り、いわゆる「多々老・少子パターン」が鮮明となった。

④　2010 年：ピラミッドはほぼ現在の状態を表している。

以上の図を見ながら、次の 3 点を注目してみよう。

（イ）＝ピラミッドの形は、三角形からだんだんと形が崩れ、"提灯型"に変わり、ピラミッドの面積は初期の約 2 倍に増えたこと（人口が 2 倍）。

（ロ）＝ピラミッドの頂点である 100 歳年齢の人は"目に見えて増えてはいないこと"（＝平均寿命は著しく上がったが、最大年齢はあまり変わっていない）。

（ハ）＝一番大事な所見であるが、──老年（65 歳）の始まる点から 100 歳に向かってほぼ「直線的に人口が減っている」のに気付くであろう。

図 2 は、その有様を詳しく見るために、ピラミッドの左半分（男性部分）を切り取って右に 90 度傾けた図を示す。0 歳から 70 歳までは、社会状況によって人口の凹凸が見られるが、70 歳を超えた頃以降は、凹凸もほとんどなく、100 歳に向かって直線的に低下している──つまり、人々はそれぞれの寿命を迎えてピラミッドの図から徐々に消えて行ったことを反映している[1]。図 2 を見て 2013 年の状態を見てみよう。

図 3 で国際比較を検討する。

図2 人口ピラミッド2013年（男）

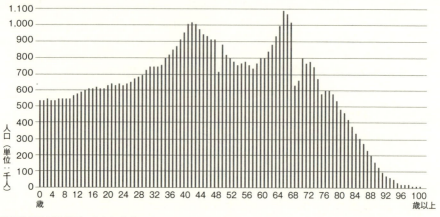

総務省統計局統計データより作成

図3 諸外国の人口ピラミッド

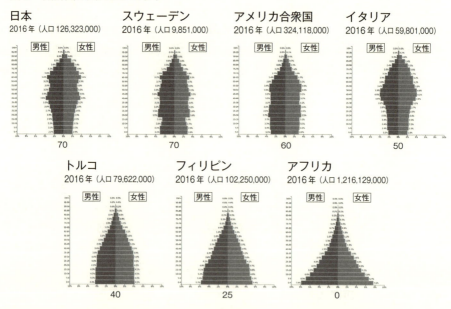

PopulationPyramid.net "Population Pyramids of the World from 1950 to 2100" より作成

このように、人口が年齢とともに直線的に減衰してゼロに向かう部分にヒントを得て、諸外国の人口ピラミッドの代表的特徴を検討したものが図3である。これら7つの図は、ピラミッドの頂点（おおよそ100歳）から下方に向かう直線部分の長さの順によって並べてある（左上の日本→イタリア→右下のアフリカ）。その直線部分は、頂上からそこに進んだあと、折れ曲がって下方に繋がっている。その折れ曲がった部位（bend）がどの年齢に相当するかに注目して欲しい（＝屈折年齢と名付ける）。

 日本とスエーデンのピラミッド全体のパターンは異なるが、屈折年齢は70歳近辺である点は類似である。同じような目で他の国のピラミッドを観察すると、屈折年齢はアメリカ：60歳、イタリア：50歳であり、アフリカの屈折年齢は0歳だ（各国の屈折年齢は図の下方の数字で表した）。

 屈折年齢の差は何を意味しているのであろうか？　たとえば、日本の場合、0歳から70歳までの人口は、時代の影響を受けて凹凸があるけれど、70歳を超えると、毎年3%強の人が世を去っている（70歳人口を100%とすれば30年間で0%になる率）。同じく、イタリアでは50歳以後毎年2%ずつが、アフリカでは出生直後から毎年平均1%ずつが死亡していく（→典型的な三角形のピラミッド）。

 振り返って、図1の1950年前後の日本の人口ピラミッドを見ると、これは屈折年齢ゼロの典型的な三角形のピラミッドそのものであった！　この三角形が戦後70年の歳月をかけて屈折年齢70歳の現在の形に移行したのである。つまり、屈折年齢がゼロから上方

図4　屈折ピラミッド（Bent Pyramid）

に移動することはとりもなおさず、社会構造が"低福祉"から"高福祉"に移行した結果を暗示するものではなかろうか？

"屈折"という名称はアフリカのダハシュールにある"屈折ピラミッド"（Bent Pyramid、図4）の形状から得たものであって、福祉とはなんの関係を示すものではない。しかし、世界の諸国がさまざまな屈折年齢レベルを示すことから[2]、国々の福祉進展度を表す分かりやすい1つの「イメージ」になるだろう。

屈折年齢の今後はどうなるだろうか？　人々は健康な長寿を求めているから、屈折年齢は年ごとに上がって行くに違いない。ただし人間の天寿はおおよそ100歳を大幅に超えることは生理的に不可能だろうから、屈折年齢は今後ますます100歳の天寿に近づくけれど、100歳を超えることはないだろう。つまり、人々は延長された屈折年齢（＝健康寿命）を享受したあと、短縮された非健康寿命（じわコロ期間）を経て天寿を全うするようになるのではないか？　しかも、これこそが福祉の至高目標なのではないだろうか？

要約

① 世界の代表的な人口ピラミッドを観察すると、いずれにも老年人口が直線的に低下し始める時期が見られ、その"曲がり年代"(bend)を「屈折年齢」と考えた。
② 屈折年齢は、0歳から70歳代までに分布し、それぞれの数値は各国の福祉進展度の序列を代表する指標として役立つと思われた。
③ 日本の屈折年齢70歳はスエーデンのそれと並ぶ高度福祉の先進国であることが伺われた。

IV　アダムより幸せか

職員の声

声1　私は「屈折年齢」と言う言葉を初めて聞く。世界各国の福祉発展をよく反映する指標であると思い、興味をそそられた。

答：従来の人口ピラミッドは、福祉の進展により「三角ピラミッド型・逆さ三角型……」などと表現されていたが、単に「型」を言うだけでなく、国民の"健康・天寿への筋道"が読み取れる「屈折年齢」の考え方は優れている。

声2　終戦直後の日本やアフリカは、屈折年齢は0歳で、国民は誕生後すぐ毎年1％ずつが亡くなった——日本はその後死亡が減り、屈折年齢70歳の"高福祉"にまで改善された。

答：その結果、スエーデンに匹敵するほどの高福祉に育った！

声3　私の理想は「アメリカ型」だ、だって

　① 定年60歳まで生きられて、そのあと人口が減り始めるのは「人の理」に叶っている、

　② 子供の数が健全に確保されている、

　③ "高齢"福祉を必ずしも全国民に強制していない。

答：すごい緒点を見抜いた！

1）新谷「70歳の壁」福祉における安全管理 #573, 2016.
2）United Nations「人口ピラミッド、世界2016」*Madewulf*, 2016.

福祉における安全管理 #579　2016・5・14

曾・祖父母の進化

　私が子供の頃、"1人暮らしの老人" を見た覚えがない。また、祖父母と同居の3世代世帯は、町内に3世帯くらいしかなかった。今思い起こしてみると、要するに街中で「お爺さん・お婆さんの姿」は珍しかった時代である。まあ、平均寿命45歳の昔だったから、当然だったかも知れない。

　先月「祖父母の進化」[1] という論文を読み、「爺さんや婆さん」は "進化" によって現れるものなのかと不審の念を持った——この報告所見は、3万年前から現在に至るまで、人類の「化石の大臼歯」の分析結果で得られたものである。

　歯を見れば±1年の精度で年齢が分かる、という。その成績によると、3万年前の「ネアンデルタール人」の親は15歳頃に出産を始め、多くは20歳代で死亡、30歳以上まで生存する親は少なかった、という。つまり産まれた子にしてみれば、父母は居るけれど祖父母はもう世を去っていた訳である。大古の人類は短命だった。ところが1万年くらい前から、30歳を超える人の歯が見つかり始めた。これは狩猟採取の時代から農耕放牧の時代への転換期にほぼ一致する。つまりその時代になって初めて家族は "3世代" になり、「祖父母が進化して現れた」と解釈されるのである。

　そこで、過去の日本人の平均寿命を調べてみると、縄文・弥生時代（1万年前から1700年前まで）の平均寿命は14.6歳であった。1000年前の平安時代で15歳、500年前の戦国時代で20歳、そして江戸時代に入ってやっと30歳に届いた。昭和に入って40歳、戦後の昭和25年頃50歳。つまり、50歳まで寿命が延びてくれば、「祖父母の存在」はありふれた社会現象となる。欧米、インドなどでも平均寿命が50歳を超えたのは20世紀になってからのことだ[2]。

　1960年、岩手県沢内村という所で、初めて「老人医療の無料化」が始まっ

Ⅳ　アダムより幸せか

た。遅れて1973年には全国的に「老人医療の無料化」が始まった。これにより全国の病院の待合室は老人たちのサロンと化し、同時に平均年齢は飛躍的に伸びて行った。この「無料化」はやや背伸びした政策であったためか、9年後の1982年には有料化された。しかし、いったん医療を利用する習慣がつくと、平均寿命の伸びは留まる事を知らず、日本人女性は世界一の高齢を24年このと方続けている。

　次のエポックは2000年に始まった「介護保険」である。「制度に問題はつき物」とは言うが、これは世界に類を見ない「至れり尽くせり」の内容を誇る保険であり、日本史始まって以来の、いや世界史始まって以来の「手厚い老人優遇の制度」なのである。これにより、日本人の平均寿命は世界1位を連続保持、ついに「曾・祖父母の存在さえ当たり前」の時代に突入した。

　あなたは"祖父母の両親"を覚えているか？　もし覚えていれば、彼らは「ヒー爺さん、ヒー婆さん」であり、あなたは「ヒー孫」である。パールでも特養ご入所・108歳女性のI. M. さんの"お見舞い"に来られる家族は「お孫さんとヒー孫さん」だったが、なんと小学生の「ヤシャゴさん」まで加わってきた。"孫の孫"までが一堂に会するのである。時代はすっかり変わってしまった！"一人ッ子"同士が結婚すると、親が双方に2人で4人。親の親（ジジ・ババ）が4人に2人ずつ、計8人。1人の孫にジジババが12人いておかしくない長生き時代となって、「ジジ・ババが多すぎて、孫、マゴマゴと」。人生100年となるとさらにヒージイサンバアサンが増える。大変なことになるでしょう。

　この変化の元をただせば、「医療・介護」の普遍化がもたらした「延寿」であろう。まったくその効果は歴然として疑うべくもない。「長生き」は万人の望みであり、その実現は"喜ぶべき事"であるが、今の日本では それが「多々老・少子化」に繋がっているので、諸手を挙げて喜ぶことはできない。しかし我々は今「曾・祖父母」の進化に巡り合っているのである。

　好もうと好むまいと、我々はこのような時代に生きているのだ。後世代の人たちが褒めてくれるような対応で現実を切り拓いて行かざるを得ないのである。

175

職員の声

声1　太古の時代、人間は平均何歳まで生きたのか？

答：狩猟時代は平均20歳代、農耕時代に入っても30歳前後。しかし、3000年前のエジプトの王・ラムセス2世は92歳まで生き、今カイロの博物館にミイラとして展示されている。大昔でも「介護」が良かったら長生きできたことの証明である！

声2　福祉の進展とともに親子4世代が同じ屋根の下に暮らせる時代になったが、曾・祖父母の進化は良いことなのか？

答：祖父母は孫の世話を介して有益だと言われる……しかし、近年の曾・祖父母の評価はまだ定まっていない。

声3　4世代生存は世の成り行きだろうが、介護の経費が若者の肩にのしかかってくる。

答：ご先祖、親を長生きさせるために子が死ぬ思いの苦労をするのはいけない[3]。介護保険はこの苦労を回避してくれるだろうか？

声4　人類は発展するたびに寿命が延び、果てしなく老人が増えていく運命にあるのか？

答：これは先進国の宿命であるが、延寿にも限度があって、欧米では「寝たきり老人」をつくらない雰囲気が完成している……日本もそれを学ぶだろう。

1) Rachel Caspari "The Evolution of Grandparents" *Scientific American*, August pp.24 ～ 29, 2011.
2) 平均年齢の歴史的推移（日本と主要国）On-line, net.
3) 新谷「赤の他人の介護」パールにおける安全管理 #100, 2011.

福祉における安全管理 #215　2011・10・21

IV　アダムより幸せか

人並みの満足！

　介護施設で働く職員たちは、ご自分の「ピンコロ」を切実に願望する。ナゼだろう？

　それは、お世話するほとんどのお年寄りが長患いで痩せ細って手当ての限りを尽くしても、ものも言えないまま逝ってしまわれるケースもあるからだ。病院で亡くなる場合でも、スパゲッティ状態で管理され、ものも言えないまま命を終えるのを見る。

　2400年前、お釈迦さまは「生老病死」とおっしゃって、「死」を人の悩みの中心に定められたが、死への「対応儀式」は昔も今も大変だ。だから自分の場合は、死の直前までピンピンと元気、そして何を考える暇もなくコロッと逝きたい（ピンコロ）——これはごくごく自然の願望であろう。

　ところが現実はどうだろうか？　パールでは介護保険のスタート以来17年間、たった1例の「ピンコロ」が観察されたのみである！　その方は86歳女性、認知症・大動脈瘤の陰影あり、要介護3、歩行は自由、杖は飾りのみで、体格指数（B.M.I.）は27.9の肥満を減量中であった。大学病院の定期受診で安定状態と告げられていたが、その翌朝食事をまえにして急死！　大学で動脈瘤破裂によるとの診断であり、ご家族・近親の嘆きは言葉にならなかった。

　図1は死亡原因を表すが、時計の12時から右回り8時までは主に老人の死亡である。この中で「ピンコロ」に該当するものは、8時の位置の"不慮の事故"及び9時の位置の"大動脈瘤"であり、他のすべては「じわコロ」[1]である。「ピンコロ」を人々が好む傾向があるとはいえ、警察の介入する"変死"は誰も好まないし、大動脈破裂もウエルカムとは言えないだろう。変死の頻度は稀であり、夢を見るほどに「ピンコロ」は美しい死ではない。

　日本では年間死亡者数は近年約130万人で、おおよそ半数が病気、残る半数は「老衰」である。病気のうちガン（約30万人）、心不全（約20万人）、重症

177

図1　主な死因別死亡数の割合（平成26年度）

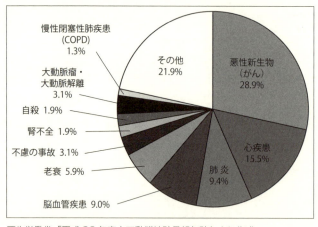

厚生労働省「平成26年度人口動態統計月報年計」より作成

の脳発作（約10万人）は皆「じわコロ」だ。「老衰」はもちろんの事「じわコロ」であり、病気の平均期間は男9年・女13年の長きに及ぶ。この実態は決してウエルカムではないけれど、日本人が世界一長命であるのは主に「じわコロ」期間が長いからなのである。

　したがって、死亡原因の中に「ピンコロ」が入り込む余地はほとんどないけれど、人間はアマノジャクなのか、ピンコロ地蔵尊やぽっくり寺に参拝するツアーがますます増えているという。なるほど、老人に限らず人は家族に迷惑をかけず、病気や介護で苦しまずに逝けるようにピンコロを願うのは当たり前ではあろう。だが、「高齢＋ピンコロ」の両方を同時達成するのはかなり稀なケースであって、お寺や地蔵さまにお詣りしたからといってもその達成は願い下げになってしまうだろう。

　では、私たちに必要な"現実の覚悟"は何なのであろうか？　死亡診断書で多い「老衰」の真実を見てみよう。長い「寝たきり」のあとでの診断病名で統計的に多いのは「心不全」であるが、たいていの場合はやっぱり「老衰」なのであって、心疾患であることは少なく、「呼吸不全」でも同じく、である。

　本当の実態の8割程度は「食事の不具合」＝嚥下不全に基づく「誤嚥性肺炎」とそれによる慢性の体力消耗である。この場合、早くて1年、ふつう数年かかって逝く経過となり、まさに「老衰」というイメージそのものである。図2に示した2つの症例はそれを代表する症例である[3]。図の上の例は94歳女性、

図2　BMI 低下の例

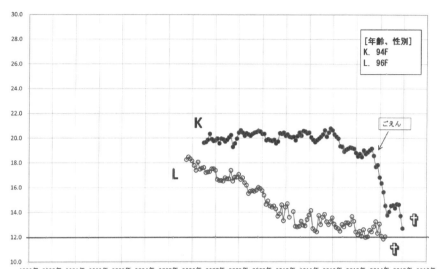

＊ B.M.I. は1カ月に1回計測。横軸の間隔は1年を表す。
出典：自験例『特養の食事とB.M.I.』渋谷区地域福祉サービス協議会、2015

認知症。8年間に亘ってB.M.I.=20と安定した正常、8年目に誤嚥→体調失速、1年後にB.M.I.=12で逝去。下の例は96歳の女性、認知症。10年かけて体重が漸減、B.M.I.=12で死亡。"生と死の狭間"はB.M.I.=12であった！[2]

　でもご心配なく！　老人をよく観察して見られよ……85歳人口の約半数弱が、100歳の約8割が"認知症"を患っておられ[3]、「見当識の障害」がある——つまり、「時の見当」は失われており、ご自分が将来死ぬ運命にある事を理解できていない。若いあなたは先行きの事が心配だろうけれど、そこはうまくしたもので、「超高齢とは時を失う年齢」の事なのであって、ご本人はちっとも先行きを悩まず幸せなのである。この幸せこそ「神の最大の有難い贈り物＝認知症」なのではないか？

　人間の"願いと行い"は、しばしば矛盾に満ちみちている。多くの老人は、口を開けば「ピンコロ」願望で、「長生きさせられている」現状に"幸せを感じない"、と言うが、歳をとるにつれ、結果的に「じわコロ」人生を不自由な

く歩む……つまり長生き→認知症→「ピンコロ」希望を忘却→たっぷりじわコロ。

　良いではないか！……私たちはそんな老人をちっとも責めてはいない――これこそ人生の理であって、「ピンコロ」願望も終末の「肺炎」もみんな了解されている生命現象であり、矛盾に悩む必要はまったくないのである。

要約

① 人は尋ねられるとピンコロ願望であるが、現実のピンコロは極めて稀な現象である。
② 超高齢で圧倒的に多い病名は「老衰」であるが、その実態の多くは「誤嚥性肺炎」とそれによる「慢性の体力消耗」である。
③ 超高齢では認知症がほぼ必発であり、"時間の見当識"を失う――つまり、以前のピンコロ願望をすっかり忘れており、ごく常識的な「じわコロ」によって人並みの静かな人生を閉じる。

職員の声

声1　老衰の多くが"誤嚥性肺炎"を患い、じわコロの経過で亡くなることを私は初めて知った。
答：こんな事実がナゼか教科書には書かれていない！
声2　認知症もじわコロもイヤ！　私はクリアな頭で逝きたい。
答：何をおっしゃる！　認知症は「神様最大の有難い贈り物」でありますぞ！
声3　私の担当ケースを紹介。エレベーターの数字も分からず、歩行も弱々しいご婦人……「お迎えの日」を待ち望んでおられるが、病院通いは几帳面だ。
答：どんなに苦しくても、人は「生」と「死」のうち、「じわコロ」を選ばざるをえない――他人さまは"お迎えが欲しければ病院通いをやめたら？"と思うようだが、これはあながち矛盾ではない！

声4　日本の女性平均年齢は86歳で世界一だが、"幸せ"も世界一だろうか？

答：残念ながら本人に"幸せ"を問うても認知症のため、答えは無い——平均寿命もこの数年86歳で停止している……介護総予算の10兆円＊は「延命効果」を求めるためでなく「高齢者への礼儀」としての支出であろう。

1) 新谷「ピンピンコロリの現実」福祉における安全管理 #481, 2015.
2) 新谷「体格指数（B.M.I.）から見る生と死の狭間」老人ケア研究 #33, pp.13〜23, 2010.
3) Robert Epstein "Brutal Truths About the Aging Brain" *Discover* October, p.48, 2012.

福祉における安全管理 #577　2016・5・24

死に様のモデル

近年では愛玩動物の犬や猫でも寿命が2～3倍に増え、15～20歳になることが報じられている。食欲減退、褥瘡、失禁、失明までもヒトと同じ、病因もガン・認知症などヒトと似ている。死を見つめることは辛いことであるが、ここに参考としてヒトの「死に様のモデル」を3つ示す。

① ガンなど：比較的に長い間、生体機能は保たれ、最後の2カ月くらいで、急速に機能低下が見られる。ガンは発病の場所にもよるが、少しずつ進行して行く。体がだるくなり、食欲が徐々に減退、体重も低下してくる。しかし頭の中はかなり直前まではっきりしていて身辺の自立は出来ている。死の直前まで話は出来るし、トイレも自立していても、まさかと思うように眠るように息を引き取る。

② 心臓・肺疾患の末期：全体として右下がりの経過を示すものの、時々、急性増悪を繰り返しながら徐々に心身の機能が低下して死に至る。

図1　死に至るまでの経過

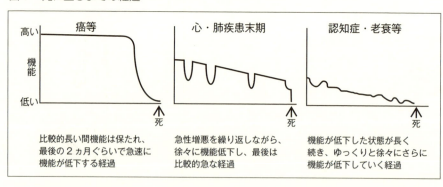

出典　Lynn J:Serving patients who may die soon and their families:JAMA 285:7.2001（篠田知子訳）

図2　B.M.I. ばらつき低下

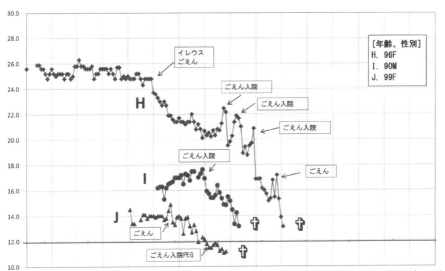

＊B.M.I. は1カ月に1回計測。横軸の間隔は1年を表す。
出典：自験例『特養の食事とB.M.I.』渋谷区地域福祉サービス協議会、2015

　③ 認知症と老衰：生体機能ははじめから低下しているが、それが大変ゆっくりと徐々に進行し、認知症による嚥下機能の低下・誤嚥性肺炎を繰り返しながら生命が終わる。

　これらの図を見比べると、我々が従来知っていた「死」のモデルと、ずいぶん違うのを見て取ることができる。従来型の「死」は、① ガン、② 心臓・肺疾患末期で、ドクター、ナースの出番が期待される。しかし、③ 認知症型の「死」は「ケアワーカー」の出番が多くなる。
　さらに高齢者福祉の場合、「在宅の看取り」と「病院の看取り」が区別できることを、この図でよく頭に入れて置こう。なお、認知症や老衰で死亡する場合の将来予知については、パールのホームページにリンクされている「体格指数」（Body Mass Index, B.M.I.）を参照のこと＊。

職員の声

声1　病院での「死」とは違って、特養で看るご利用者の「死」は、まさにモデル③が当てはまる。

答：この状況は体格指数（B.M.I.=12 が死の狭間）の経過でよく観察して欲しい（図2）。

声2　私の父は心筋梗塞後を長く患い、数年の間に何回か入院を繰り返したあと亡くなった……死に様のモデルを見ていたら②に相当する。

答：従来の死亡パターンで一番多かったのが②である。

声3　私は皆さんにご迷惑を掛けるけれど、③モデルのように「細く長く」生きていたい。

答：介護保険がスタートして以来、本人の意思に無関係に人は長生きになり③が増えた……ただし、「ここはどこ？　あなたは誰？」の認知症人生が少なくない。

声4　私の親は「自分の死を考えたくない」と申しておりますが……。

答：ご自分の死ではなく、ご利用者を職員が看取る対応、および①、②、③のモデルで観察して下さい！

声5　お年寄りの体格指数（B.M.I.）を毎月見ていると、ゆっくりと数値「12」、つまり「死」の時点に近づいて行く人が見えてくる。

答：体重を測るだけで、まさに"生と死の狭間"をグラフで見る思いである。

＊新谷冨士雄・弘子「体格指数（B.M.I.）から見る死と生の狭間」ネットで「社会福祉法人パール」をクリック「ふじひろのページ」をクリック、「体格指数 B.M.I.」をクリックしてください。

福祉における安全管理 #4　2010・9・2

Ⅳ　アダムより幸せか

食べず飲まずと B.M.I.

　福祉施設では、せっかく食事介助をしても、ご利用者が「食べない、飲まない」という悩みを持つ職員が多いと思う。今日は「食べず、飲まず」の生理学と経験談を紹介しよう。体格指数（Body Mass Index, B.M.I.）についても説明する。

　私の祖父は脳梗塞<rp>（</rp><rt>のうこうそく</rt><rp>）</rp>のあと「食べず、飲まず」が始まって1週間で亡くなった。その昔には、点滴・エンシュア・胃瘻<rp>（</rp><rt>いろう</rt><rp>）</rp>などが無かったからであろう。今考えれば、栄養失調というより「脱水」が原因だったのだと推定される。

　平成元年、スエーデンの老人施設を訪ねた時、私は「ご利用者が自分で食べられなくなると、どうなさるのですか？」と介護職員に訊<rp>（</rp><rt>き</rt><rp>）</rp>いた。その方の答えは「枕元にパンとスープを置く。自分で食べられなければ、それが終わりで

図　B.M.I. 低下の例

＊ B.M.I. は1カ月に1回計測。横軸の間隔は1年を表す。
出典：自験例『特養の食事と B.M.I.』渋谷区地域福祉サービス協議会、2015

185

す」とのこと……これは私の祖父の時と同じではないか！

　さて絶食でどれだけ長く生きられるか？[1] ここで「絶食」とは、自分の意思、または事故・病気によって食事が絶たれる事を指す。性・年齢・基礎疾患の種類により結果は大幅に異なるが、水分摂取の有無が大きな影響を持つ。水分摂取がない場合、元気な人でも、ふつう1〜2週で亡くなる。老人の場合、1週持つか持たないか？　その原因は「脱水」と呼ばれる病理現象である。人間は何もしなくても、呼吸・汗・尿で水分を失う。その水分を補充しなければ、循環血液量が減り、血圧が維持できなくなって死に至るのだ。だからこそ、現代では、お年寄りが入院すると、まず点滴から始めることが多い。

　食物を摂らないが水分は自由、これは「断食」と言われる宗教的イベントである。過去にいろいろな記録があるが、1918年のマハトマ・ガンジーの断食は「証拠」もあり有名だ。彼はインドの独立をイギリスに求めるため、21日間の宗教的断食を行った。ただし水をすするのは許されていた（非公式の記録では、40日生き延びた例もある）。水の補給があるから循環血液量はほぼ保たれ、体の栄養は体内脂肪のカロリーで補うわけだ。脂肪だけが体内で燃えると血液は酸性に傾き（ケトン症）、臓器不全が進む。
　急性な断食ではなく「慢性の飢餓」の場合はどうだろうか？　慢性の飢餓は人類の歴史の中で頻繁に起こった。ナチスのアウシュビッツの強制キャンプは有名である。このような場合、甲状腺や副腎の機能が低下し、生命活性は落ちるものの、案外に長生きできる。その代わり、体は骨と皮になってしまう。
　医療・介護領域では「近飢餓」に出合う。有名なものでは「神経性食欲不全」、「癌末期」および「老衰」がある。

　ここで「体格指数」ついて説明しよう[2]。体格指数は「肥満度」を表す数値である。文明社会の医療では「肥満」が「痩せ」よりも問題のようで、「肥満」を定義する新しい計算式が30年ほどまえに世界的に認識された。それは「体重kg÷身長m÷身長m」であり、電卓で簡単に求められる。正常値は22±3だ（正確には 18.5 ≦正常 <25.0）。

186

Ⅳ　アダムより幸せか

B.M.I. が 25 以上を「肥満」、30 以上を「高度の肥満」などと呼ぶ。逆に B.M.I. が 18.5 に達しないのを「痩せ」と呼ぶ。近年の老人は意外なことに痩せている人は少ない。お年寄りは、何事もなく過ごされていれば、B.M.I. も数年に亘ってその人なりに一定で、案外に変動しない。もし老化が進んで「誤嚥」のステージに入られると、B.M.I. が毎年「2～3」の割で低下し、B.M.I. ≒ 12 に達するとやがて亡くなられる（図の 2 症例）[3）4)]。

　パールでの経験では B.M.I. が 12 以下で生存できた方は 3 例しかない。

　B.M.I. の経過図をパソコンで作成しておくと、お年寄りの日常ならびに末期の管理が非常に分かりやすくなる。私たちは、ご家族と B.M.I. の経過図を参考にして予後の話し合いをし、Informed Consent（説明と同意の書）を交わすのを慣らわしとしている。

要約

① お年寄りは病気または老衰が進むと、一般に飲水・摂食が困難になる。

② 摂食は別として、飲水が急に止まると生命の危機が短時日に近づく。

③ 慢性の飲水・摂食低下が起こると B.M.I. が毎年徐々に「2」程度低下することが多く、その値が「12」近辺に達すると生存が困難になる。

④ B.M.I. の経過をグラフ化しておけば、終末期の管理に資するところが大きい。

職員の声

声 1　枕元にパンとスープを置くだけ、というスエーデンの話、妙に納得した。

答：かの国の福祉は "自己摂食を旨とする食事" を奨励する 100 年の歴史で裏付けられている。

187

声2　水分補給のための点滴の始まりに使った「リンゲル液」という
のを初めて聞いた、生理食塩水のことか？

答：生理食塩水は単純に 0.9% の塩水、リンゲルは少し高級で、炭
酸塩などが追加されており、近年では更に複雑な成分を持つ点
滴液が用いられる。

声3　インドのガンジーは 21 日間もの長い水分だけの断食をしたと
報告された。断食と絶食の違いを初めて知った。

答：独り暮らしの老人は僅かな発熱などで「脱水」に陥（おちい）りやすく、
注意を必要とする。

声4　B.M.I. の「痩せ」への応用は、ネットで見ても見つからない。

答：B.M.I. が 25 より大きい「肥満」については多数の記載があるが、
B.M.I. が 18.5 より小さい「痩せ」についての記載は極めて少な
い。……人が天寿に達して逝く時には、B.M.I. ≒ 12 に近づく
現象がしばしば観察され、実務的な応用価値が高い〈注2）参
照〉。

1) Alan D. Lieberson "How long can a person survive without food ?" *Scientific American 3*, p.104, 2005.
2) 新谷「体格指数（B.M.I.）からみる生と死のはざま」「老人ケア研究」No.33, pp.13 〜 23, 2010.（ネットで「社会福祉法人パール」で入ることもできます）.
3) 新谷「天寿の終点は B.M.I. ≒ 12」福祉における安全管理 #33, 2010.
4) 新谷「胃瘻のメリット・デメリット」ibid. #76, 2010.

福祉における安全管理 #194　2011・9・2

体格指数（B.M.I.）≒ 12 は「天寿の指標」

パールでは、1999年施設開設以来10年間の毎月のデータを基に、すでに2010年、体格指数（Body Mass Index、以後B.M.I.と略記）が高齢者の栄養管理面で役立つ指数であることを発表した[1]。

元来、B.M.I.は肥満度を表す良い指標として昔のブローカ指数[2]はすたれた。それに代わって今のB.M.I.「体重（kg）÷身長（m）÷身長（m）」[3]が工夫された経緯がある。近年では全世界的にB.M.I.が採用されている指数でもある。B.M.I.の利用上の特徴は、人の肥満度が高まるにつれ死亡リスクも高まることが明瞭になる点であろう。

B.M.I.が20〜25の間にあれば死亡率は最低であり、それを越えるにつれ死亡率が著しく増大する有様が観察される。ところが、従来低いB.M.I.は単に「痩せ」の指標とされるだけで、それ以上の意義は見逃されていたが、パールでの成績B.M.I.≒12の所見が「命の終わりの指標」となることを明らかにした。

つまり、人は肥満による病気で命を失うだけでなく、栄養不足によっても寿命が縮まるのは歴然である。そこで筆者たちは、B.M.I.の知見がパールの特養入所ご利用者の栄養管理に役立つかどうかを検討した。必要なことは

①入所時に必ず身長を測ること
②毎月1回入浴時の体重を測定するプロトコール（計画書）を厳守すること。
この2点だけである。

図1で10年を超す経過の成績を見てみよう。

症例Aは94歳女性、元来肥満で右麻痺の婦人、オヤツ過食の習慣があり、その矯正によって5年後に安定したB.M.I.が達成できた。未だに肥満域にあるが、B.M.I.は揺らぎながらもほぼ水平である（アルブミン 3.1g/dl）——食生活も未だに安定な例である。

症例Bは90歳女性、認知症があるものの「謡い」が得意で、10年間の最

図1　経過が平坦な例

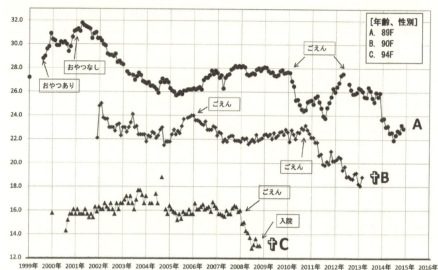

＊B.M.I.は1カ月に1回計測。横軸の間隔は1年を表す。
出典：自験例『特養の食事とB.M.I.』渋谷区地域福祉サービス協議会、2015

後までB.M.I.22の正常レベルを維持し、愛想よく安定した生活を送られた。B.M.I.の揺らぎは±1程度で栄養管理は楽に行えた（アルブミン3.3g/dl）。

　症例Cは94歳女性、認知症＋COPD、入所時からヤセが目立ち食が細かったが意外にもB.M.I.の安定性は抜群で「優」の目で観察することができた（アルブミン3.2g/dl）。彼女の最期は誤嚥性肺炎の発症を機に、低いB.M.I.16から一挙に12台に低下し、衰弱死された。

　まとめ：高齢者のB.M.I.がもし長期にわたって±1程度のバラつきで水平に経過すれば、B.M.I.のレベルに関係なく高齢者は「当分死なない」。

　図2は死亡された代表的な3例を示す。症例Hは95歳女性、認知症。最初の6年間はやや肥満のまま水平・安定に経過、以後"誤嚥"を4回経験され、その都度入院、その都度B.M.I.は低下（毎年2.5B.M.I.の割合で低下）、いったん誤嚥に遭遇すると、栄養の保持は食事介助によっても回復出来ず、5年の経過の後、B.M.I.≒12に達したあと亡くなった（アルブミン2.9g/dl、正常値は

Ⅳ　アダムより幸せか

図2　BMIばらつき低下

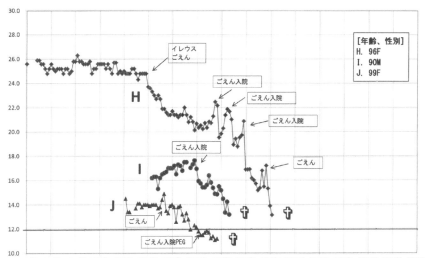

＊B.M.I.は1カ月に1回計測。横軸の間隔は1年を表す。
出典：自験例『特養の食事とB.M.I.』渋谷区地域福祉サービス協議会、2015

4.0以上）

　症例Ⅰは90歳男性、認知症＋左骨頭骨折、車椅子自走もでき、当初からの栄養欠乏も2年ほどでかなり回復（B.M.I.14→16）、そこで誤嚥・入院・一時的な回復（アルブミン 3.9g/dl）、しかしその後1年余の経過で亡くなった。体重は毎年2.5B.M.I.低った。亡くなったのはB.M.I.≒12に低下した時であった。

　症例Jは99歳女性、認知症＋左骨頭骨折。安定した経過で2年を過ごされたが、いきなり40℃の発熱を機にB.M.I.が下がり始め（アルブミン 2.7g/dl）、死亡予想のB.M.I.≒12に達した頃ご家族の希望で胃瘻をつけたが、1年の経過で亡くなった……B.M.I.は最低値11にまで低下した。

　まとめ：高齢の死亡例であっても、臨床像が安定な期間のB.M.I.はほぼ水平であるが、いったん誤嚥が始まるとB.M.I.は毎年2〜3の割合で低下し、B.M.I.≒12まで落ち込むと生命が終わった。この所見は他の多数の死亡例でも確認され、B.M.I.≒12は「天寿の指標」となることが確かめられた。安定

191

期の B.M.I. レベルが高ければ B.M.I.12 に落ちるまでの期間は当然長く（数年、低ければ当然短かかった（1〜2年）。アルブミン値はいずれの例でも低かった。

要約

① B.M.I. は、臨床像が安定していれば意外に水平な経過を示し（当分死なない）、そのバラツキは±1程度である。

② B.M.I. のレベルは「肥満・正常・痩せ」の3群に分けられるが、いずれの場合でも水平・安定である限り栄養上のトラブルは無く、アルブミン値との相関は見られなかった。

③ 超高齢者に付きものの「誤嚥」に遭遇すると、B.M.I. は毎年2〜3の割合で低下し、B.M.I. ≒ 12 まで落ちるとほぼ死亡に至った。誤嚥の発症から死亡までの期間は、安定期の B.M.I. レベルが高いほど、当然に長くなることが観察された。

職員の声

声1　肥満度（B.M.I.）が何年にも亘って水平・安定なパターンであれば、どの群も「当分死なない」。しかしいったん「誤嚥」すると、B.M.I. ≒ 12 に落ち込んで死亡と知った。

答：「安定した生命維持」と「避けられない死」への進展が B.M.I. の図から読み分けられる。

声2　B.M.I. ≒ 12 になって胃瘻をつけることの無意味さが理解できた。

答：天寿を過ぎた体に栄養を補給しても吸収効果は限られる。

声3　B.M.I. の低い人の栄養指導には注意が必要だ。

答：90歳代になれば「体重こそ命の貯金」ですな！

声4　B.M.I. ≒ 12 以下になると死ぬ理由は何？

答：B.M.I. ≒ 12 以下になると死ぬ理由は多数ある……それは高度の羸痩であり、また 100 歳を超えるとやがて人は死ぬという経験則と同じだろう。

1) 新谷「体格指数（B.M.I.）から見る生と死の狭間」老人ケア研究 33, pp.13〜23, 2010
2) ブローカー指数：（身長 cm − 100）× 0.9.
3) B.M.I.：痩せ＜ 18.5, 正常 18.5 〜 25, 肥満＞ 25

福祉における安全管理 #489　2015・3・6

認知症は死因の第1位となるか？

　今から85年ほど前（1930年・昭和5年頃）、赤ちゃんの出生数は今の2倍ほど多かった（約200万人）。
　当時は「人生は50年」の時代だったから、これら多数の赤ちゃんは生後50年で（1980年・昭和55年頃）世を去る運命であった。
　ところが戦後の「長生き時代」を迎えて、人々は死期が約30年ほど猶予され[1]、2010年頃（平成22年）になってやっと遅れた死期が近づき、身罷り始めた。それはごく当たり前の現象だが、マスコミはその現象を「多死時代」と名付けて騒いだ。

　さてさて「死のパターン」は、昔と今ではすっかり変わった。昔（図1の左

図1　主要死因別に見た死亡率の年次推移（人口10万対，人）

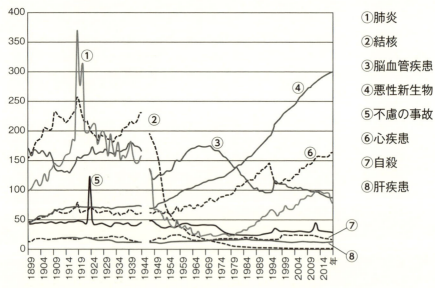

厚生労働省「死因別に見た死亡率100年の年次推移」および「平成28年人口動態統計」より作成

半分）[2]：主な死因は幼若年者の肺炎・胃腸炎・結核であったものが、今（図1の右半分）：超高齢者の癌・心疾患・肺炎・老衰で置き替わった。近年の死亡者の大部分は老人であり＊、死因を分析すると——

① 死因のトップは癌（図1）、全死亡者のおおよそ1/4を占める。先進諸外国でも癌死亡率が1・2位の国は多く、日本も主要死因のトップを癌が占めていることはうなずけよう。

② 死因の2位は、図1で見る限り「心疾患」であり、癌の半数に及んでいる……だがここに問題があるのだ。ご存知かどうか、「死因統計」とは医師の書く「死亡診断書」の直接死因の病名が統計の基礎資料である。この病名が医療政策の基礎となり、また国民の社会認識を形成している。

そこで諸疾患の年代別推移を、図の左半分と右半分で見比べてよう（図1）。戦前の死因では、癌と心疾患が低いレベルでほぼ重複しているが、両疾患とも戦後になってにわかに増えてきた。ところが「本当の」心臓病死の増加はこんなに多くない実態があったので、厚労省は1995（平成7）年に次のような"勧告"を行った——「老衰末期の死因として軽々しく『心不全・呼吸不全』等を、死亡診断書のトップに置くべからず」、と。

すると直ちに「心疾患」の報告数はガタ落ちした（図1）……しかしそれは直後の3年間だけ、すぐに元の木阿弥の多数になった。つまり戦後の「心不全」という診断は、必ずしも「心臓病」を表すものではなかったのである。でもそれはナゼ？

その第1原因は「単純化」と考える。つまり、死の三徴とは「心停止・呼吸停止・瞳孔散大」であるから、"心臓が止まったイクオル「心不全」"という安直かつ"ものぐさな思考"で病名が妥協されてしまうようだ。診断書では死の"原因"が尋ねられているのに、答えは「心不全」という"結果"でお茶が濁される。これでは死に係わる幾つかの疾患があたかもすべて「心疾患」であるかの如く認識され、国の医療行政の狙いから外れるだろう[3]。

そもそも、心不全の意味が誤解されている……心不全とは「心臓の働きが体の血流需要に追い付けず、バテている状態」を意味し、その臨床上の特徴とし

て「起座呼吸」と、聴診で「第3音」の存在が必須である。ところが、そんなことにはお構いなく「心不全」と書かれ、情報がウヤムヤの内に放置されてしまう。

　第2の原因は「忖度」だ——日常会話の「心不全」ならご家族も世間さまも診断名を問題視しないだろう、という"忖度"である。しかし、死亡の原因をどうしても「心疾患」としたいのならその基礎疾患として「心筋梗塞・心筋症・重症不整脈」等の存在がほぼ必須であるけれど、これらが通常の老衰末期に存在することはまず無い。

　加えて図1を見ると、右上がりに上昇する平均寿命の曲線と心疾患の曲線は「並行上昇している」ではないか。忘れてはいけない——戦後に獲得された寿命延長の期間は30年以上に及び[1]、したがって平均死亡年齢は50歳代から延びて80歳〜90歳代を超える超高齢になったのである。その結果、死亡原因が幼若年対超高齢でこれほどまでに大きく変わってしまったのだ……なるほど目で見て良く分かる。

　さて近年、先進国では「認知症」を死因として取り上げる傾向が強い。日本

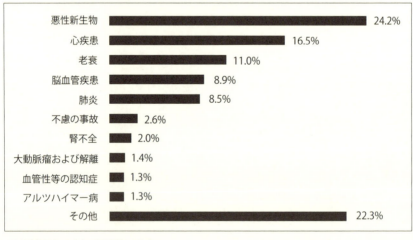

図2　死亡原因の比率（女性）

厚生労働省 平成28年人口動態統計より作成

では従来この習慣がなかったが、驚いたことに今年「初めて」、それも「女性に限って」、"認知症"が死亡順位の10番目として取り上げられたのだ（図2）。

ところで、日本で癌の患者数は約100万人で死亡順位は1位だ、これに対して認知症は患者数が5倍の約500万人と高いのに死亡順位は10位にも満たない……つまり日本では死因を認知症だとするケースはまだポピュラーとなっていない。

参考までに、外国の認知症死亡の順位例は、オランダ・フィンランド（1位）、アメリカ（5位）、日本の女性データのみでやっと10位という実状[4]……つまり日本では、死因としての認知症はまだまだ遠慮されているようだ。

事実、日本の元首相や有名人の死因が認知症だった、なんて聞くことはない。ところがアメリカの元大統領のロナルド・レーガンやイギリスの鉄の女と言われたマーガレット・サッチャー首相は周知のように「堂々と」死因＝認知症だった。日本でもキチンと診断すれば、今や死因のトップが高齢認知症になった時代であることはほぼ間違いないだろう。現今の認知症の蔓延はそれほど日本社会を変えてしまったのである。

なにも死因の1位争いをする必要はないが、国民の健康上の脅威が認知症であることを今や社会のみんなが知っておくことは大事なことではなかろうか？

要約

① 日本の上位死因は現在「癌・心・肺・老」とされる。
② その死因第2位の「心疾患」は必ずしも心臓病ではなく、単に「死の三徴」で"忖度"されているにすぎない。
③ 日本では今年初めて女性の認知症が上位10番目に採択された。もし現在の「心・肺・老」の死亡診断の幾分かを認知症とすれば、日本でも上位の死因が「認知症」になり、その社会的対応も変わってくるのではないか。

職員の声

声1　認知症の終末にナゼ心停止・呼吸停止が来るのか？

答：認知症の末期には老化が著しく進み「嚥下困難・誤嚥性肺炎・外傷骨折・寝たきり」などの生命活性が高度に低下するから。

声2　死亡診断が「認知症」と「老衰」ではどこが違うのか？

答：「認知症」は若年性でもあり得るが、「老衰」は超高齢が背景として必要である。また厚労省は単なる「高齢の死＝老衰」よりも、原因素性が推定される病名を求め、よって国民の病識高揚を図りたい、としている。

声3　癌患者100万人の死因が1位、これに対して認知症患者500万人の死因は10位にも及ばない……これってやはり診断姿勢が偏っているよ……どちらも確実に死ぬ病気だし。

答：日本では、まだ“認知症”を死因とすることは遠慮されている。

声4　超高齢者の死因が認知症であっても、恥ずかしいことはチットモない！社会の認識を改めよう

答：サッチャーやレーガンのように、いずれ総理大臣や偉い人が、諸外国のように、認知症と診断される日が来れば、事情は一変するだろう。

1）新谷「死期猶予30年と介護界」福祉における安全管理 #460，2014.
2）がん登録・統計「2017年のがん統計予測」国立がん研究センター・がん情報サービス，2017.
3）広田直樹「死亡診断書；院長のここでしか言えない」2013. 3. 20.
4）石原藤樹「フィンランドがワースト，認知症はなぜ寒い国に多いのか」現代ヘルスケア，2017.

福祉における安全管理 #652　2017・12・25

アダムより幸せか？

　私は思う……人は何歳であっても、赤ちゃんを産む気迫を持ちたいものだ、と。

　先日、年中行事ながら某放送局が「長寿は万人の願望」というスペシャル番組を放送していた。その手法は、相変わらず過去の統計資料から割り出した寿命の成績を将来に投影する方法であり、"威勢の良い超長寿の予言"で終始していた。これは大変耳当たりが良かったが、もうちょっと人間社会をみつめた"奥行のある洞察"が欲しかった。そこで、今日は「4つの観察」を次に述べ、皆さん方のご意見を伺いたいと思う。

　① 旧約聖書の系図で、古くて皆が知っている「アダムとイブ」の大昔を眺めてみる。アダムは神が創造された人類の1番バッターであり、彼が136歳の時、初子"セツ"が生まれ、セツが105歳の時、初子"エノシュ"が生まれ、このようにしてアダムは8代下（孫の孫の孫の孫）の時まで生きていて、930歳にして世を去った。

　彼らの特徴は、皆長命であったとともに、"子を成した時期が超高齢"であったことでもある。今の言葉で言えば"大器晩成・精力絶倫"型であった訳だが、もしそうなら「長生きのためには青春時代に恋はなく、子孫とは老年期になってもうけるもの」であったのか？

　「寿命、え？ 1000歳？」の項で、寿命600歳（ウオルフォード教授）、1000歳（ドグレイ博士）の話題を提供したが、私はやはりその超高齢を不思議に思う……だって人生を50年ほど働いたあと、"働くことをやめて"あと楽をするつもりなのか？ 950年もの長いあいだ他人に養われ"食っちゃ寝"の生き方で生活を送るのか？ それは"正当な長命"なのか？

　こう考えてみると、従来討論されてきた「長寿願望」は皆厚かましくも「老年期のみの延長願望」であることに気付く。ナゼ人々は若年期を含めた"全生活期の長生き"を望まないのか？ 更年期50歳までを働いて、"後は宜しく！"

と、ばかりに「老後の楽」を楽しみ、好きなように生活して良いだろうか？

② その逆の、若い時期が長い人生とは何であろう？　若い時期にはすること
がいっぱいあって忙しいので、若い時期を延ばしたいと思う人はあまりいない。
そのうちに歳をとったあと昔を思い出して若さを取り戻したいと欲する……それ
が「若返りの泉（Fountain of Youth）願望」であり、基本的には「老人に
なった後の長寿願望」にほかならない。

③ そこで私は考える――理想的な長生きとは"青春期も老年期も両方長い
事"ではないか。ここで具体的には若年・老年の両期間を2倍にしてみて満足
が得られるかどうかを検討しよう。

　まず、思春期の始まり（生理・精通）が現在の12歳から24歳になるだろう
→これは問題なさそうだ……小・中・高校生活が12年から24年に延びる→
ん？　ヤだな！……結婚年齢が30歳から60歳になる――ま、遊ぶ時間が30年
も増えて嬉しいかも？

　だが、お産を100歳まで付き合う、閉経は110歳となる→オー！　それはイ
ヤ！　と、どの女性も叫ぶ。でも定年は130歳に延びるから安定な生活ができ
るし、寿命は2倍の200歳だからのんびり暮らせる！……→アー！　皆が200
歳になるのなら、相対的に今と変わらないからイヤだ？

　ん？　老年期が長くてイヤ、老年期が短いのもイヤ、老年・若年の両方とも
長いのはイヤ……じゃ、いったい何を望むのか？

④ 別な考え方で、大きい動物や小さい動物が、単に寿命が長いか短いかで
はなく、妊娠期間の何倍生きるかで比較してみた。"人間以外の動物と比較"
してみよう……動物はそれぞれ寿命が異なるから、比べやすい指標として「妊
娠期間と寿命」の比率を計算してみる――ネズミの寿命は妊娠期間の20倍、
兎は60倍、犬・猫は90倍、ヒトは130倍という。妊娠期間が長い2年余であ
るため、象は100倍……一般に大きい動物では妊娠期間が長いので少なくなり、
ヒトが最大で、「象」になると小さくなる……つまり、相対的に"ヒトが一番
能率の良い長生き"なのである。

IV　アダムより幸せか

　結局一番良いのは上記の④、つまり "妊娠期間の割に寿命が一番長いヒトの現状" なのであった！──その良かった中身を再確認すると──（イ）生理・精通は 12 歳、（ロ）出産は 20 ～ 30 歳代、（ハ）更年期は 50 歳、（ニ）認知症は 85 歳で人口のほぼ半数……オー、今の我々の現状そのものではないか！

　認知症を "不幸" と思っていたのは間違いであって、認知症は人を幸福のうちに逝かしてくれる有難い現象だったのだ！＊ もし世の中から認知症がなかったら、人は "1000 歳まで生きるミイラの不幸" に繋がるのだった！──認知症は神様の最大の贈り物という人もある。

　我々ははっきりと "アダム" よりも幸せであることを確認した!!!　もし、現状に不満足を感じる人があれば、それは単に「他所の庭の緑は濃く見える」だけなのではないか？

要約

① アダムとイブの時代は 900 歳にも及ぶ高齢時代は素敵だが、若年時代に「恋」の幸せが無いからイヤ！

② 近年のドグレイの 1000 歳は、50 歳まで働いて残る 950 年間は "寄生虫生活" だから正当な長生きではナイ！

③ 生活歴の各部分が 2 倍になる 200 歳の長生きは "お産が 100 歳まである" なんてイヤ！

④ 50 歳で更年期、85 歳で認知症……そんな現状よりもっと良い人生が有りそうにも思えたけれど、結局我々は一番幸せなライフ・サイクルを生きていることを知った!?

職員の声

声1　老人の長生き願望は、本心ではないのだろう……だって、それはムリなことが分かっているハズ。

答：きっと、口癖で言っているのかもね——それよりも「今の幸せ」に重点を置いて日々を過ごされることが最大の解決法だと思う。

声2　老人に接していると、現状が「辛い」と言う悲観が多いように思うが、むしろ"現状こそ当たり前だ"という楽観で明るく先進できるように助言したいと思う。

答：一概に「老人」と括るのではなく、認知症の"ウツ"のステージにあるのかどうかを確かめることが大事だ。

声3　無いものねだりの"長生き"を求める老人は多々いるが、今の生活を維持することこそ一番幸せなのではないか？

答：老人は、ナゼ老後だけの長生きを求めるのであろうか？　"若返りして長生きしたい"、とでも願えば、同じ不可能なことでも、その若々しい願望に同調したくなるのに！

声4　私は"長生きとは老後の長生き"としか思っていなかった……考えてみれば、「私、また赤ちゃんを産みたいわ！」という若々しい気迫があっても良いんだ！

答：私はそんな明るい老後の願望は聞いたこともナイ！　でももしそれを聞いたら思わず私もアダムになった気分になり、乗り気で楽しいお喋りに参加するかもね。

＊新谷「認知症を早くみつける？」福祉の安全管理 #563, 2016.

福祉における安全管理 #584　2016・07・02

V 福祉の100年後を展望

和魂和才って可能ですか？

今から163年前（1853年）、アメリカからペリー提督が艦隊を引き連れ、神奈川県の浦賀にやってきた。

その目的は、当時「鎖国」をしていた徳川幕府に開国を迫ることだったのだ。以後、日本は欧米諸国に押されっぱなし……そこで「日本国民ここにあり！」を主張するための "言い訳" として「和魂洋才」という言葉を発明した。つまり、欧米の才覚を受け入れるけれど日本の魂を曲げるようなことは "しない！" という意識であり、たとえば、"ちょんまげ・和服・親孝行" は譲れないものであった。

しかし日本人の良い所は「建て前と本音」を "無理なく併存させる能力" である……つまり西洋の優れたところ（洋才）を取り入れる姿勢（建て前）を保ちながら、日本文化（和魂）への執着を遠慮なく取り混ぜて国運を盛り上げること（本音）に成功したのだ。でも今は、明治時代から遠くなり、"和魂" を改めて意識する人はいないであろう。

今はグローバルな時代であって、「良い・便利」と思われるものはアッと言う間に全世界中に広がって行く。その典型は "ハード" としては「自動車・エアコン・ワープロ・スマホ」などがある。しかし形のない "ソフト" の伝統・介護・制度に関しては、「和魂」の姿勢が優勢であり、このような「和魂 "和" 才」が日本の高齢社会のあり方を複雑にしている。

そこで話を「介護」の世界に移して考えてみる。日本の伝統や介護は「親孝行」に集約され、それは「建て前であり、同時に本音」でもあった。ところが第二次大戦後、平和の続く日本の社会事情は激変した。戦前の高齢化率は人口の4％程度であったが、それは1970年頃（7％）から急上昇し始め、2000年には4倍増（16％）、現在は7倍近く（27％）、将来予測では10倍（40％）に達す

Ⅴ　福祉の100年後を展望

る勢いである。いずこの国でも高齢化率は上昇の傾向であるが、日本のそれは際立って顕著である。

　では、急上昇の始まりである1970年頃の日本に何が起こったのか？　経済バブルの沸騰の中で国の税収は豊富となり、老人増加の傾向に備えて「老人福祉の増強、老人医療の無料化」などが推進された時期であった。同じ時期に「老人性痴呆」による深刻な社会問題も初めて提示され＊、「老人問題」が社会に躍り出た時代でもあった。この時代の老人問題への"対応"は「和魂洋才」通りに行えばよかった——つまり、溢れる予算を老人問題に"つぎ込めば"解決したのである。その姿勢が2000年の「介護保険実施」に繋がって行く……その時の高齢化率は4倍（17％）にまで増え、それへの対応は「優しい恩恵」から「緊急解決の介護実務」へと変容しつつあった。

　日本の介護保険はその給付を7段階に分類し（要支援1～要介護5）、世界のレベルに比較すれば"至れり尽くせり"の給付を行い、これほど"幸せな"老後は世界に類例がない。それを可能とする経費は初期の3兆円から今では10兆円を超え（国の税収の2割）、やがて20兆になる日も近いとされる。事ここに至って、老人対策は和魂洋才の「建て前」の実行だけでは片付かないことが議論されるようになった。

　ここで参考になる欧州の「"洋"魂洋才」の例を説明しよう。ご存知のように"福祉にはお金がかかり"、特に高齢化率が4％から40％にも延びていく老人福祉では台所事情の解決が大変だ。イギリスでは「老人性白内障」の疑いがあっても、その診察予約は3カ月先が常識だ。国家予算の制限によって、血液透析には60歳の定年があり、延命胃瘻は出来ない（日本では無制限に可能、2兆円？　の予算）——ドイツもこの例に倣っている。

　スエーデンは「寝たきり老人」がいない明るい社会と言われるが、その内情をあかせば、要介護4、5の分類を行わない——つまり、「自分で食べる力のない老人は生命の尊厳を維持できない」と割り切ってしまうと聞いた。これに比

205

べて「介護の"和"才」なら欧州に見られるような"尊厳の制約条項"は何も
なく、どのような「延命治療や処置」でも公費の適用を受けて実行することが
でき、これぞ日本の誇る「親孝行・介護"和"才」の特典なのである。

　おそらく日本といえども、40%にまで膨れ上がる高齢化率の下で、介護に
おける「和才」の存続、つまり「和魂"和"才」の維持は予算的に困難になっ
てくるかも知れない。しかし、介護の和才を変更するためには日本の「延命至
上主義」を再検討せねばならず、それは「親孝行」の美風に反することになる。
この思想的な難問を乗り切る西洋風の決断（洋魂洋才）を日本が取り入れるの
は何年先になれば可能になる、とあなたは思うか？

要約

> ① 江戸時代から明治時代に移る時、日本は「和魂洋才」を唱え、日
> 　本の魂を失わない範囲で西洋の文物を取り入れる方法を工夫した。
> ② あれから150年余、日本の方針は間違っていなかったことが確認
> 　されたが、1つだけ問題が残った。それは「和魂の目玉」である"親
> 　の介護問題"である。
> ③「洋才」は欧州で「寝たきり老人がいない国」をもたらしたが、「和才」
> 　は逆に「寝たきり老人を抱え込む国」をつくり、両者の敬老思想
> 　の差が今や国勢の将来展望を占なう挑戦を受けるようになった。

職員の声

> 声1　洋式介護（洋才）の場合ナゼ「寝たきり老人」がいなくなるのか？
> 答：洋才は、尊厳維持を尊ぶ故に「胃瘻による延命」をしない――
> 　　これに対して、日本は何がなんでも延命至上主義を尊ぶ。
> 声2　日本は「寝たきり老人がいない国」を目指しているのか？
> 答：目指していない。食事介助は"寝たきり長生き"を目標とする
> 　　からだ。

声3　親を大事にしている日本のやり方を諸外国は褒(ほ)めているのか？
答：そうでもない！　なぜなら、命の循環に関する「自然の摂理」を無視して延命重視に走る日本を「不思議な国」だ、と思っている。
声4　親を大事にするのは有難いことだが、敬老費が莫大(ばくだい)で、ワリを食っているのが幼少期の若者ではないか？
答：選挙で当選するのに都合のよい老人層の待遇を優先するのではないかと聞いた。
声5　日本は欧州の国々のように先行き「食事介助」をしなくなるのだろうか？
答：今のところ、それを予想する人はいない……しかし高齢者向けの福祉費が現在よりも大幅に増えてくれば、「和魂和才」を諦(あきら)め、「洋魂洋才」へと考えが変わるかも知れない。

＊有吉佐和子『恍惚の人』新潮社，1972

福祉における安全管理 #566　2016・3・14

今の福祉はご誓文に沿っているか？

　以前、「五箇条のご誓文と胃瘻」を話したが[1]、「ご誓文」なんて"知らなかった"と言う人たちが多かった。そこで今日は五箇条の一つずつを語り、福祉との関わりを見て行こう。

　このご誓文は 1868 年、日本の政治が徳川から明治に代わるに当たって、「天下の政治は世論の向かう所に従って決定せよ」という趣旨のご誓文であり、当時では画期的な施政方針だった。"五箇条"の一つひとつを今の社会と比べてみるのも興が湧くだろう。

　① 広く会議を興し、万機公論に決すべし。

　万機＝多くの重要なことがら。　→ 時は封建時代の徳川末期、すべての国策は徳川将軍の独裁、「上意下達」で、有無を言わせず下位の者を従わせてきた。1853 年ペリーの大砲外交で、大老は初めて対策の奏上を諸藩に求めた――つまりそれ以前は会議を興さず、万機公論をする習慣はなかった。

　今風に言えば、密室談合で物事を運んでいた。維新に関わった人々と明治天皇は「密室政治を排せよ」と言った訳だ。そうでなければ新しい世は開けなかっただろう。

　② 上下心を一にして、盛んに経綸を行うべし。

　経綸＝国を治め整えること。→ どの国でも「心を一つにすること」は難しいことだ。今だって、原子力発電について心が一つになっているとは言えない。盛んに経綸を行えば、国の方針が明瞭になり、仕事もしやすくなるだろう。

　③ 官武一途庶民に至るまで各々その志を遂げ、人心を倦まされしめんことを要す。

　官武＝公務員と武士・軍人。→ 徳川時代は「士農工商」の時代だった。

V　福祉の100年後を展望

「士」つまり武士以外の人が「意見を持つ」ということはありえなかった。

　ご誓文では、万民が志を遂げ、人の心を「飽きあき」させてはいけない、と述べる。民主主義という言葉はなかった時代だが、心は民主的だね。しかも「人を飽きさせてはいけない」という点はお見事！　政治に限らず、一党独裁はよくない、とも取れる。

④　旧来の陋習を破り、天地の公道にもとづくべし。

　陋習＝悪い習慣、あめつち＝天然、自然。→　これは前回の「胃瘻」でお話しした。以前は、頽廃・悪習と知っていながら、前例に習って事を運んだ（たとえば密室談合など）。ご誓文なら、何をすべきか、それはあなたの天然の心に訊ねてみなさい、と言うことだ。

⑤　智識を世界に求め、大いに皇基を振起すべし。

　皇基＝天皇が国家を治める事業の基礎。振起＝気力などを奮い立たせる事。→　閉じた世界の中で満足せず、知識を世界に広く求めよ。これは徳川時代では禁止されてきた事で、すばらしく新鮮である。

　以上が五箇条のご誓文で、これが150年前の明治の政治を拓いた人々の考えである。現在の日本社会のほうが劣って見えないだろうか？　今の政治はしばしば「密室」であり、“依らしむべし、知らしむべからず”の陋習がはびこる‼　政治家・官僚・経済人・国民は心を一にしているだろうか？　人心を倦ましめてはいないだろうか？　古い悪習への追従はどうか？

　国民の側も、反省すべき点があるようだ。よくよく考えてみれば、「福祉の今のあり方」に対しても、陋習によらないあなたご自身の意見が湧いて来るのではないか？　たとえば「延命胃瘻」の流行[1]をあなたはどう位置づけていたか？──「あめつちの天然の心」で考えて見よう。そのほか、いっぱい考えてみよう。

209

職員の声

声1　ご誓文を学んで感じたこと。政治も福祉も「何とかなるさ！」と思う人が多いけれど、自分たちの未来は自分たちで創るという気概を忘れてはいけない。

答：徳川時代に生まれた志士や明治天皇は偉かったのだなー、と思う。

声2　ご誓文をよく読むと、現代日本の現状と逆な事が書いてある。古い悪習は残り続け、前例主義が跋扈している。

答：医療関係者だって、胃瘻の問題を悪習と知りながらそれ以上気にかけないでいる。

声3　ご誓文が150年前に発布されたとは驚いてしまう。平成の時代は「退化の道」を歩んでいるのだろうか？

答：いや、明治時代だって、ご誓文通りにはいかなかっただろうが、医療も介護も「目標を再学習」することは大事だと思う。

声4　「天然の心」で判断し行動する事、つまり"リベラル・アーツ"を学ぶ事、これが一番大事だと思った。

答：天然の介護[2]と同じ心だよね。

1）新谷「五箇条のご誓文と胃瘻」福祉における安全管理 #290, 2012.
2）新谷「天然介護」ibid. #260, 2012.

福祉における安全管理 #296　2012・5・4

V　福祉の100年後を展望

削ぎ落とす工夫

　ヒトはしばしば天国を夢見る。と同時に「天国だけの生活は、すぐアキアキする」とも言う。

　20世紀の初頭、まだヒトが空の旅をしたことがなかった頃、ヨーロッパでは、空飛ぶ飛行機は「益か害か？」の論争があった。第二次大戦による航空事情の進歩により、ふたたび空飛ぶ飛行機の旅を夢見る平和な産業が世界各国で起こった。ここでは「天国論と地獄論」を対比して話を進めてみよう。

まず地獄論者
　当時の人々は2000年前の「イカロスとダイダロス親子」の脱獄物語を信じていた——つまり父ダイダロスは鳥の羽を集め、蠟で接着した大きな翼を作った。親子はクレタ島の牢屋からうまく飛び立ち脱獄は成功したけれど、息子のイカロスは飛ぶことの面白さに夢中になり、太陽の近くまで飛んで翼の蠟が熱で溶け、海に落ちて死んでしまった。そこで、地獄論者たちは飛行機ができると、
　① 脱獄囚の管理が困難になり、宮殿の中も覗き込まれる、
　② 鉄砲や武器を素早く運び込む 輩 が増えてくる、
　③ その結果、紛争が広がり、人々に不幸が訪れる等々賑やかであった。

次に天国論者
　① 人が天を飛べるようになると落ちる危険もあるが、その眺めの良さに感激するだろう、
　② 早く遠くに旅ができるので国の経済が発展するだろう、
　③ その結果多くの人々は幸せになるだろう、等々。
　この論争に加わらなかった発明家たちは、次のように批判した。「空気より重いものが空を飛ぶハズがない、君たち、バカな論争はやめたまえ」。

211

今の航空事情を知っている皆さん方は110年まえのこの論争に容易に決着を
つけることが出来るだろう。

まず日本天国論者

① この70年間、戦死者がゼロである（先進国のなかでは日本だけ）、
② カラーTV、水洗トイレ、エアコン、スマホなどの個人用通信機などは
　あるのが当たり前、
③ スペースさえあれば、自家用車はあって当然、
④ 体重を減らすことにお金をかけられる、
⑤ 女性の平均寿命はダントツに世界一であり、介護保険が世界無比で老後
　の幸せが充実している、等々。

続いて日本地獄論者

① 軍隊がないために、平和が不安定になる、
② 長いデフレと経済不況が続き、人々の間に閉塞感が広がっている、
③ 親が長生きで、介護に苦労する、
④ その割に高齢者の転倒・骨折は増え続け、誤嚥性肺炎は死亡の第１位・
　胃瘻延命が世界一ポピュラー、等々、問題は山積みだ。

　飛行機の場合、発明家が論争をバカ扱いにしたが、にもかかわらず、飛行機
は世にデビューし、２つの世界大戦で主役を演じた。その結果は幸せも不幸も
あった！　ではナゼ飛行機が人々を幸せに導いたのか？　それは飛行機の「不都
合な欠点を削ぎ落とす」工夫をした結果、現在の飛行機の平和利用が可能と
なったのである。

　今の日本社会の発展状況も、言われてみると、天国と地獄は同じものである、
と理解できよう。ここで介護の天国論を眺めてみる。日本は意気揚々と介護保
険を実施し、
　① 多大な幸福を老人にもたらした。介護保険の審査に携わってみると、
　②「要支援１から要介護５」までの介護希望者は実施15年前にも劣らず大

V　福祉の100年後を展望

繁盛なのである。

③ 保険の立案者と現場の職員の仕事熱心さに支えられ、介護保険万歳という現実は誰しも認めるところであろう。

ここではあえていくつかの地獄論を加えて論を終えよう。

① 一番合点が行かないことは、介護保険が始まった2000年以降、統計に表れる「平均寿命の増加」が鈍化・停止した驚きだ[1]。

② 予算3兆円から始まり今や10兆円の規模を誇る介護予算なのに、延命の費用対効果の結果が出ない！　これはどう説明できるのか？[2]

③ システムにうまく乗ったあるご利用者は"要介護5"で19年間を生存している——素晴らしいことではあるが、コストを検討すると、約8000万円の予算が若者から老人に流れたことになる。ほぼ寝たきりの、多数の人のこのような実態をどう説明したものか？　このことは上に述べた「イカロスの墜落」に対応する古今の悩みなのであろう。

④ 介護保険は"長生きの幸せ"を与えるハズなのに、ナゼか"幸せの声"は聞こえてこず、"本人はつらいと言う、肩や腰が痛いなどの声"が多く聞こえてくる。

⑤ 老人の数が平常の4%から現在の27%に増加するにつれ、子供の数は減少するばかりで、多々老・少子化は進むばかり。

今の介護保険にはどこかに"削ぎ落とすべき不都合"があるとしか言いようがない。介護における今後の「天国と地獄」は「削ぎ落とし作戦」を効果的に実行する中に見出されるのではないか？　地域包括ケアシステムの効果を、地域や自治体・関係者で構築していく必要がある。

要約

① 飛行機と社会発展について、天国・地獄論を紹介した。航空が発展したのは「欠点の"削ぎ落とし"」が成功したからであった。

② 介護の天国・地獄論についても、同様に検討してみた。残念ながら、介護の歴史はまだ 19 年ほどであって、欠点の"削ぎ落とし"が十分進んでいない。

③ 今後介護に関する「天国と地獄」は「欠点の削ぎ落とし作戦」の成否に懸かっていると思われる。

職員の声

声1　「イカロスの翼」の教訓は「素敵な事を行っても、行き過ぎると破滅が待っている」ということか？

答：介護保険も 19 年経過するとその全期間を保険で過ごすケースも現れ、経費を計算すると 8000 万円余の予算となった……国の 懐 が心配だね。

声2　そんな、家 1 軒が買えるような予算が実際に必要なのであれば、私ならそれに見合う利益を求める。

答：その予算で子供の野球場が買える。

声3　介護総予算が 3 倍増えたのに、平均寿命が増えないのはナゼ？

答：もう寿命の上限に達したからではないか。

声4　昔の労苦を報いるために、老人優遇は当然ではないか？

答：もちろんの事だ……しかし百の苦労に対して千の報酬が求められれば、次世代の子供たちは育たない。

声5　介護保険の目的は「尊厳ある自立」の確保である——初期の目的を忘れてはいないか？

答：要介護 4・5 の人が自立できる訳がない。欧米ではこの分類がないと聞く。面倒が起こらないかな。

1）新谷「平均寿命——3 ッの驚き」福祉における安全管理 #446, 2015.
2）新谷「延寿の一服論」ibid. #451, 2015.

養老本能と育児本能

"養老本能"なんて項目はネットで探しても見つからない[1)]……よほど珍しい"名付け"なのだろう。

これに対して"育児本能"のほうはネットでたくさん論じられている。"育児"はヒトまたは獣(けもの)の哺乳を連想させ、親が子孫を残すための行為一式の本能であって、なかんずく鳥類のそれはまことに目を引く。

思い出せば、家の軒先で見られるツバメの熱心な子育て……片道10キロもある氷原をよちよち歩いて子供に餌(えさ)を運ぶペンギン……見ていて信じがたいほどの"子育て没頭"である。さりとて、子育てのあと"子別れ"が済めば、もう"子は子、親は親"でお互いに"知らん顔！"人間の目から見れば、これまた信じがたい無関心ではないか！

人間は違う。
第1に子別れをしない、
第2に子が育ったあとも家族としての共同生活を続ける。
第3に年月を経た後、子は親の養老をする。

単なる育児行為ならたぶん遺伝子の中に組み込まれた行動、つまり"本能"によるのであろうけれど、養老行為は本能ではない。なぜって、親の面倒を見る動物は人間以外にいないからだ……人間に近いサルでさえ、年老いた親の口元に餌を運ぶような子の行動を見聞きすることは無い[2)]。

では、人間はいつ頃から「本能ではない養老」を始めたのだろうか？　直接の証拠はないけれど、6万年以上も昔のネアンデ

ルタール人は「歯を失った老人の顎骨」と「お墓に飾った花」の形跡を残している [3]——つまり敬老精神の曙を持っていた。1万年前には農耕の知恵とともに家族同士の共同生活が始まり、3千年前には大陸で孔子が「忠・孝・仁・義・礼」の儒教思想を表した。つまり、人間がほかの動物とは異なって「孝」を覚えたのはその頃だったと思われる。

「孝」とは「親孝行」のこと、親を尊敬し親に尽くすことである……こんな高級な大脳機能の発揮を要する行為がほかの動物にあろうハズはない！ でも「孝」は本能ではないのだから、誰かが教えなければ行なわれる事はないだろうし、仮に教えても行なわない人だってあるだろう……ここが問題なのだ。

人生50年の時代の親孝行は、年老いた親がせいぜい還暦（60歳）前後までの短い期間の孝行だったから、子供も30歳程度で、知恵もまだ少ない。その結果「親孝行、したい時には親はなし」という川柳が示すように、子供にとって親孝行の負担は大きいものではなかった。ところが長生き時代の今はどうだ！ 還暦後100歳に至るまで孝行の期間が延び、「親孝行、してもしてもまだ親がいる」という別世界の時代になり、子は負担の大きさに息切れしてしまう。

動物一般が親孝行をしない理由は、
① 明確な世代交代——つまり子が生まれ育った頃には孝行の対象である親はもういない、
② 教師の欠如——仮に親がいても、遺伝子に組み込まれていない孝行を、教えてくれる先輩がいない。つまり動物と親孝行は無縁なのが当たり前である。
他方、人間の親孝行が近年下火になったのはナゼか？
③ 親孝行期間が著しく延びて親孝行どころか自分が孝行を受けるほど親子ともども高齢になったこと、
④ 血の繋がった息子や娘でさえ80～90歳の親の介護は、自分の体力の限界を感じている。生命進化の流れから見てまったく時代錯誤になったといえる。

V 福祉の100年後を展望

　全部を振り返ってみれば、やはり「著しく延びた老齢期間が主因」ではないだろうか？　もしそうなら、その解決法は"老齢期間を短縮すること"となり、それは長生きしている現在の親と矛盾する。「介護保険」は家庭内でのこの矛盾を取り除くかに見えたが、新たな問題も発生している——それは、国家的な親孝行には予算が必要なこと、多々老・少子化の現在では金に飽かした1970年代の解決法[4] は通用しなくなったからである。

　欧米ではこの問題をどう解決しているか？　それは「寝たきり老人のいない社会」の招致[5] に尽きる。ところが日本は「寝たきり老人を抱える社会」であり、姿勢は真反対である。我々は孝行とか養老とかに固執するけれど、何が一番大切か、に思い至る時、「生命は子孫繁栄以外の道はない」という進化の原理に衝き当たる。
　言いにくいことであるが、養老本能というものはやっぱり存在するかどうか……人間は大脳で「人類の繁栄か淘汰かの将来像」をしっかり考えることが必須だ、という教訓ではないかと思う。

要約

① 育児をするのは動物一般に見られるが、養老をするのは人間だけである。

② 親孝行の歴史は何万年か前に遡るようだが、近年"孝行の負担"が苦しくなってきた。その主な理由はヒトの高齢化が進み、「親にする孝行」と「子にされる孝行」の年代が重複するからである。

③ 養老は、"本能"としてではなく、"大脳の理性"として、"子孫繁栄と共存できる範囲"で行うべきものであろう。

職員の声

声1　「養老」は、親に"恩返し"という考えから始まったのか？

答：親は自分の老後の世話をして貰うために「子を産む」という
思想が古代中国にはあった──子を産むのは健全な本能による
ものなのに、古代人は怪しげな解釈をした。

声2　養老は"知恵"でするものか？　また人間には養老が必要なの
か？

答：生命の前期50年は子孫繁栄のために重要……だが、後期50年
は"進化"に無関係で、親が働いている人もいるが、中には元
気でも「食っちゃ寝」をしている人もいる。養老は「伝統的な
礼儀」になる……だから人間以外の動物には"養老"は存在し
ない。

声3　昔、親は還暦（60歳）前後で世を去ったから、養老期間は
せいぜい数年以下だった……これに対し、今の養老期間は親が
100歳頃になるまで続き、重いストレスである。

答：親孝行と一口に言うが、親が60歳と100歳では子の養老負荷
は別物である。

声4　人類が亡びないような良い親子関係が望ましい。

答：子を産み育て終わった親は、遺伝子的な意義は皆無となる。人
間は「知恵の動物」であるから、親よりもむしろ「子が繁栄す
るような親子関係」を結ぶべきではないか。

1）新谷「養老本能とは」福祉における安全管理 #409, 2013.
2）松沢哲郎「想像するちから」学士会報 No.913, p.54, 2015.
3）Rachel Caspari "The Evolution of Grandparents" Scientific American,
August, 24, 2011.
4）新谷「1973年は福祉元年」福祉における安全管理 #569, 2016.
5）新谷「寝たきり老人を無くす？」ibid. #554, 2015.

福祉における安全管理 #572　2016・4・9

「食介」は矛盾？

　私たちは老齢になると、幼児期以後に獲得した行動パターンの数々を、時間の逆順に失って行く。
　もし食事を自分で「食べられない」ほどに老齢化すれば、それは赤ちゃんがオッパイを求めていた乳児期までに逆行し、かなり深い過去へ戻ったことになる。生きものの最大の特徴の1つは「食べること」だが、歳をとってこの特徴が薄れると、それは逝く日が近づいたことを示唆する。

　不思議なことに、鳥類と哺乳類は、「子育ての時だけ」食事の世話をする。しかし、いったん子が育った後には、それをしない。つまり、どんな動物でも（霊長類の猿でさえ）、食べなくなった仲間の口元に「食物を運ぶ」という行為をしない。それは不親切だからではなく、「食べる」という最も基本的な生命の基礎を、他人が補ってあげるという知恵がないからであろう。

　しかし、人間は違う。昔から、病気やケガをして動けない人には水を運び、ご飯を食べさせてあげてきた。人間だけが「自分で食べること（to eat）」と、「他人に食べさせてあげること（to feed）」の両方ができるのである。

　「老人医療費」で、本

人の自己負担分が無料になったのは1973年、日本の「福祉元年」と呼ばれた。これによって長生きする老人は増え、同時に自分で食事を摂ることが困難なほど超高齢になった老人の数も増えた。そこで、辞書にもまだ出ていなかった「食介」という業界略語までポピュラーになったほどである。

　ここで「食介」の用語の意味を考えてみよう。鳥は雛に「"餌"をあげる」(to feed)、哺乳類動物なら「"乳"を与える」(to give milk) と言い、これを「食介」とは言わない。

　しかし、自分で食べられない老人の口元に食事を運ぶ行為は「食介」(to help with eating) であって、近年この言葉は「敬老造語」と言えるほどの意味を持つようになった。昔の食介は"お粥と梅干"などの乏しい栄養知識しかなくて、その効果も十分とは言えなかったが、現在は確固たる科学技術として食介は確立されている。

　試しに「食事介助」をネットの挿絵で検索すると、日本語検索ならほとんどの挿絵が老人の口元にお匙をくっつけている!! ところが英文検索で "Help with eating" なら300以上の画面観察で「老人の口元に食事を運ぶ挿絵」はまったく無い!! つまり欧米には食介をする習慣が無く、逆に日本は「食介こそ命」という事実が明瞭である。

　ところが「食べる」という習慣は国情によって受け止め方が異なるようである。私が平成元年、スエーデンの施設を視察した時、介護職員たちは老人への「食介」に独特な考えを持っていた……「枕元にパンとスープを運び、それを食べられなくなったら、その人の人生は終わりである。このことについては若い時から本人の意思をはっきり伝える国で、これは社会的に合意された国の習慣である」と言う。つまりケガや病気で食べられない人には、「一時的に」餌をあげるけれど、高齢者へ「日常的に」餌をあげる食介は「しない」と言う。人間に「餌をあげる」(to feed) という行為は「尊厳を無視・自立支援の放棄」であり、彼らの精神構造に合わないのだろう。びっくりした。

V　福祉の100年後を展望

　さて、外国は別として、日本では自分で「食べられなくなった人」になんとかして胃に食物を送り込みたいと思う。ああ、しかし食べさせようとしても「口があかない、むせる、誤嚥する……」などがあれば、どうしようか？　このために、口腔体操、食事訓練などがあるし、それでもダメなとき、「胃瘻」という逃げ道もある。

　こんな場合、国の文化と歴史の伝統がその対応法の違いを見せてくれる。つまりこういうことだ……

　①「人が自分で食べられない」ほどの老衰状態に陥ったということは「天寿に達した」ということに他ならず、尊厳をもってそれを受け止める……これが欧米の主流の考え方だと言われる。他方、

　② 我が国は少々考えが異なり、「親は何が何でも生きていて欲しい」という家族の願いが少なからずある――そのためには「食介・胃瘻・点滴・気管切開など」何でも延命第一の処置が了承される。

　① と ② のどっちを選ぶかは家族の総意によって決まるのが日本の風習だ。もし、② を昔のように私費でやったらかなりの手間と経費が掛かるけれど、今は福祉予算の豊かな給付があるので、僅かな家族負担で実現できるようになった。

　「食介は有難いことだ、美しい行為である」……と思われているが、よーく考えてみると、日本の介護保険の「前文」には「尊厳の確保と自立の支援」であると宣言されている。それと「食介による延命」はあい矛盾する、との指摘もある。欧米では「人間の尊厳」が優先されて「食介」は後に回されるようだが、我が国では「延命」も重視され、しばしば「尊厳と食介」の論議がされている。

　もし無理を押して食介を続ければひと時の延命は可能であるが、所詮誤嚥の誘発によって遠からず終わりが来る事は避けられない……「だが、やっぱり食介を優先する」……それが日本流なのかもしれない。この点に関しては、日本流が欧米に劣っているとは思えないのだが、あなたはどう思うか？

221

要約

① 自分で食べられなくなった仲間（老人）の口元に「食物を運ぶ」という行為は「食介」という敬老造語であり、我が国の風習でもある。

② この行為は動物の口元に「餌をあげる」かのように理解され、尊厳維持の点で欧米人の気持ちには受け入れ難い、と言われる。

③ 我が国の「尊厳維持と食介」は矛盾するところもあるけれど、「食介」については卑下することなく外国との間に見解の相違があることを承知しておくべきだと思う。

職員の声

声1　私は「食事」を口に運んでいるのであって、「餌をあげている」という考えはない！

答：To eat は自分で食べる。To feed は食物を与える……外国には「食介」という言葉がないから、動物に餌を与えるのと同じ行為に見えるのだ！

声2　もしも日本で「食介をしない、保健適用の血液透析は60歳まで、延命胃瘻はしない、高齢者延命は自費で」と宣言したら、世間はどんな反応をするだろうか？

答：イギリスのサッチャー元首相が1980年代にこれを実行した時、あらゆる非難と反対が巻き起こったが、サッチャーは一歩も引かず、ドイツそのほかの国々もイギリスに倣った。日本の要介護老人はやがて2倍に増え、介護職員は半分に減る……今のままなら日本はパンクする。

声3　食介はその昔、老人を家で看る時、家庭の余裕に応じて行われてきたものである……それが介護保険とともに施設で「組織的・普遍的に」行われるのが当然となった。

答：家族愛を施設愛に移し替えた訳だ……ムリが発生するのか？

声4　高齢者の「3大介護」のうち、一番大事なのが「食介」である……私はナースだから、率先して食介をしながら高齢者の幸せに貢献してきたが、それを「食介の矛盾？」と言われたら、身の置き場が無くなる。
答：明治維新で日本人は諸外国の進んだ民主主義の実態を見てビックリした……今、目を開いて外国の実情を学んでみよう。
声5　日本では「親離れ」ができない子供が自分本位に親を延命しようとする……生前に親子の意思伝達をしておくべきだろう。
答：介護保険が始まって以来18年、初期の激しい延命熱に比べ、近年はだんだん命の理(ことわり)を納得できる人が増えてきた。

福祉における安全管理 #559　2016・1・10

神の無謬と転倒

無謬とは、理論や判断に間違いのないことである。それも単なる間違いではなく、絶対に間違わないことを言い、そんなことは「神」にしかできない。神は無謬であるがゆえに、聖書や仏典を"疑う気持ち"で読んではいけない。その気分を福祉の世界に持ち込んで考えてみよう。

近年「責任」という思考が世界中に広く行き渡ってきた。自分の仕事に「責任を持つ」とか、自社の製品に「責任を持つ」などである……当たり前のことだ。ところが、世界に工業製品が広がってくると、単に「責任」（responsibility）だけでは"あいまいさ"が残るので、「製品責任」（liability＝ライアビリティ）という観念が普及してきた。

「自動車」にたとえてみれば、製造会社の責任は、1990年の頃まで「キチンと走ればOK」だったのが、いつの間にか具体的に、3年保証、5年保証、10年保証とアフターサービスがエスカレートしてきた。そのせいか、近年では、国内・国外ともに「リコール」という現象がふえてきた。製品の具合が悪かったら、何年後であっても製造会社が製品責任をもって修理してくれる。消費者にとっては有難いことだが、会社にとっては厳しいご時世になった。

では、その「製品責任」とやらは「制限のない無限責任」だろうか？ さすがにそこまで責任をとることは難しいだろう。ヒトや天然というものは、神と違って「無謬」ではない。そこで、常識的な「製品責任」の年限を考えてみる。
　①「人の作品」：人が作る機械類の製品責任は15年位でどうか？ 木造建築の家は30年、コンクリートなら60年で原価償却する。
　②「芸術の作品」：ストラディバリウス（Violin）は300年？ 仏像は1000年？ ツタン・カーメン（エジプトのミイラ）は5000年でどうか？
　③「天然の作品」＝人体の保証は50〜100年か？ 誰が保証するのだろう？

V　福祉の 100 年後を展望

　人体は「天然の作品」つまり「神の作品」ではないだろうか？「三段論法」[1] で言えば、神は「無謬」だから、「人体の構造」も無謬と言えるはずだ。人体の保証が 50 〜 100 年とは短すぎると思わないか？（アダムがリンゴを食べた罰だ、との説もあるが……）。

　2011 年 3 月 11 日に東日本大震災が発生した。日本国内は大混乱だったが、海の向こう、アメリカの西部海岸でもパニックが起こった [2]。日本での、地震と津波で死者 2 万人余の大惨事に対してはアメリカ人たちは特に驚かなかったようだ。だが原発事故では 1 人の死者も出なかったにはひどく驚き、薬局にあるヨード剤の値段は 20 倍に値上がりし、そのうえ、海藻類までの買い占めが発生したといわれる。

　米国人の驚かないその理由がおもしろい——地震と津波は「神の行い」だから従うほか道はない（よって驚かない）。しかし原発事故は「人の行い」による事故だから必死でそれから逃れようとするのは当たり前だ、と言う。つまり、神の行為（地震と津波）は無謬であり批判できない。しかし人の間違い（原発事故）は許せない（→ 自己責任で逃れるべき）と判断するのである。なるほどその気持ちは分かる。

　さて、この話には福祉への意味付けがあるのだ！　天然の作品、つまり神の作品であるはずのヒトは、年老いると転倒したり骨折したりする。馴れた職員たちが、目を皿のようにしてお年寄りたちを観察するが、ヒヤリハット報告書から転倒事故が消えることは決して無い [3]。

　つまりもし老人が神の作品であれば、"製品責任"の観点から転倒を起こすような人体を神がお作りになるハズはない（＝ 神は無謬）。もし失敗作品なら、"リコール"によって"つぐない"をしてくださるハズだが、いくら待っていても、補償の気配はない。つまりヒトは天然の（神の）作品ではなく、ヒトの作品と考えるほかはないだろう。こんな論法は「三段論法」として少し乱暴かな？

225

何にせよ、私たちは老人の転倒について神の責任を問うことはできず、よってヒトの失敗（転倒事故）は"ヒトが償う"ほかの手立てはないのである。

職員の声

声1　神は無謬、とは初めて聞く言葉で、老人の転倒に話がよく繋がっ
　　　ていた。

答：ヒトは無謬ではないから、常に正しい道を考え続けなければな
　　らない。

声2　私も無謬とは初めての言葉だった。でも神はわざとヒトを壊れ
　　　る（死ぬ）ように創られたと思う。それが生老病死の理だろう。

答：老人の転倒はポンコツ車の故障と似た道を歩むのだ。

声3　ある元都知事によると、「津波は天罰」だそうだ。

答：私もテレビで聞いたが、神が"誰に"与えられた天罰なのか
　　なー？　と不思議でならない。

声4　日本人の「危機管理能力」は衰えたのか？

答：日本も「明治維新〜日露戦争」の頃は危機管理に優れていたが、
　　その後「神頼み」の人々が勢力を伸ばし、これが太平洋戦争〜
　　今回の原発事故に繋がったように思われる。

1）三段論法＝AはBである；BはCである；よってAはCである、と
する古典論法。
2）Jason Daley "What You Don't Know Can Kill You." *Discover*, July
〜August, pp.50〜57, 2011.
3）新谷「6つの『べからず』」福祉における安全管理 #50, 2010.

福祉における安全管理 #176　2011・7・22

V　福祉の 100 年後を展望

アルマアタ宣言と日本の介護

　アルマアタ（Alma Ata）は旧ソ連邦のカザフ共和国の首都の名前である。
ソ連崩壊後、今はアルマティ（Almaty）と名前を変えた。今を去ること 37 年
まえ（1978 年）、「世界保健機関・WHO」はアルマアタ市で世界 143 カ国の代
表を集め、プライマリ・ヘルス・ケア（健康管理の基本）について討論をし、
「アルマアタ宣言」という当時では有名な歴史的宣言を出した。

　アルマアタ宣言は 10 条よりなる（詳しくはネットを参照あれ）。ここではそ
の概要と、日本にとって教訓的な内容について検討する。さて、参加の 143 カ
国のほとんどは「先進国」ではなかった。したがって、このアルマアタ宣言は
「発展途上国が分限を越えた援助を先進国に求めるべきではない」という匂い
を持っていた。と同時に、先進国といえども、自国内の福祉に分不相応な大盤
振る舞いをすべきではない、と警告をした。
　「健康管理の基本」の概要は次の 6 つである
　① 自立の精神、
　② その国の開発の程度に応じて、
　③ 負担可能な費用の範囲内で、
　④ 社会と家族の十分な参加によって、
　⑤ 科学的に適正で、
　⑥ かつ社会的に受け入れ可能な「手順と技術」に基づくこと。

　さて、アルマアタ宣言は現在の日本の介護経済についてたいへん示唆的であ
る。順を追って検討する。
　①、②、③ については高福祉を目指す日本で、国民の権利意識が高まり、
波乱含みのトラブルが相次ぐ。「医療」の場合は「治る」という一応の目標が
あるけれど、「介護」の場合の目標は「終生」であって、望む長寿を達成する
とすれば、目標は無限の彼方の "底なし" になる。

227

私は50年前の家庭や病院のありさまを知っているが、それは人生50歳時代にふさわしい「質素な目標」だった。ところが「人生100歳」に近づく現在、その介護の国家負担が一般家庭では考えられない"億円"に近づく例が続々と増えているのだ。国はその莫大な支払いを"若い世代の借金"として振り分けざるを得なくなっているる。かくして"認知症老人の天寿"は底知れずの彼方に遠のく。家族も自費負担が微少なゆえにコストに関心を持ち始めている。国は介護予算の過大さに衰亡することがないように苦闘している。

　④の「家族の参加」の意味はすっかり変わり、家族が居ても「独り暮らし」、家族とは言うが「老々家族」、家族があっても「施設に頼る」が少なくない。軽い経費負担は家族の関心を少なくさせている。

　⑤"科学的な適正さ"も問題をはらんでいる。人間は誰しも欲張りなうえ、長生きに伴う身体不調は我慢できず、それを若者からの税金に頼ることになるから、経費は天井知らずだ。そもそも「科学的に適正な老人」という存在があるのだろうか? 生命は「生老病死」のサイクルを繰り返す。「老」のステージだけを引き延ばそうとすれば巨万の富といえども消え失せてしまう。

　⑥の「手順と技術」はすっかり変わってしまった。昔の「医療」はおとなしい「お仕着せ」が多かったが、今日の流行は「自己選択とテーラーメイド」で、格段のお金と手間が掛かり、そのうえ公費処理が求められる。また「介護」は権利意識の強い「保険」となり、その財源は「次世代の若者たちへのツケ」として処理される。老人を優遇する姿勢は評価できるが、その反動として若者に頼って帳尻を合わせれば、たちまち"産まれる赤ちゃんの数"が減り、その結果"多々老・少子社会"の憂き目にあう。これが社会的に"受け入れられた手順"とは到底思えない。

　さて、日本では、2008年以後、人口減少へと大きな流れに変わった。つまり、「子」を産み終えた多数派の老人は優遇されるけれど、「子」を産む真っ最中の若者たちは老人援助の経済によって「子」を産むに産めず、多々老・少子現象は悪化するばかりだ。そのうえ2050年には団塊の第1世代は100歳、第2世代は65歳の超多重の高齢化。つまりその頃には「老人の重圧オーナス（重

荷）の最盛期」[1]が訪れる。現在でさえ介護経費は毎年1兆円以上も増えているが、少子化の結果で新規の財源確保は期待できない。人間、「働かざる者食うべからず」は普遍的な金言なのに、多数派の老人は適用範囲外にされ、なんと言っても、日本の"働かない高齢者の重圧"は強力なものなのだな、との実感だ。

　こうして見ると、アルマアタ宣言は37年まえの決議であるが、今日の日本へも福祉制度の維持に関して重大な警告を発しているように思える。日本国民は、古くは「五箇条の御誓文」を[2]、新しくは「アルマアタ宣言」を復習する機会を持つべきではないか？

要約

① 国民の多くは「良質で効率の良い医療・介護」を求めるが、"高度の願いを低負担で実行する"のは不可能であり[3]、身の丈に合った福祉の意味を理解すべきだろう。

② アルマアタ宣言で特に念を押したい項目は、"高齢の実態ならびにその科学的な意味"[4]であり、これは日本の介護界で一番苦手でかつ必要な認識分野ではないだろうか？

職員の声

声1　アルマアタ宣言で印象に残ったのは3つ、それは① 自立の精神、② 負担可能な範囲 & ③ 家族の参加だった。また、国が"身の丈"不相応な大盤振る舞いをすべきではない──つまり「過剰福祉」を奨めないことだ。

答：現実には"自立"は苦手、経費の負担はイヤ、家族は楽をしたい──皆アルマアタ違反だ。

声2　アルマアタ宣言を初めて聞いた。身の丈に合う福祉を考えることが今後の日本の課題だ。

答：日本人女性の平均寿命は87歳で頭打ち。"お金を掛ければもっ
と長生き"という考えはムリだと判明した。

声3　介護依存期間が平均13年の長きに及ぶ日本で、良質な介護を
"低負担で"求めるなんて、それは"ムリ"ではないか？

答：今のご時世は"老いてなお子に依存する"という時代になった
──それは老人が悪いのではなく、老人の"数"が飛躍的に上
がったからである。

声4　医療のゴールは「治るまで」、介護の目標は「終生で無限」。両
者を比べれば、介護のほうにお金が掛かるのは目に見えている。

答：「身の丈に合った介護で我慢」するしかないのでは？

1）新谷冨士雄・弘子「あすの介護と人口オーナス」福祉における安全管
理 #499, 2015.
2）新谷「胃瘻：20の私見を紹介、そのII」ibid. #378, 2012.
3）日本女性の平均寿命87歳は世界一であるが、逝く前の13年間は病気寿
命でもあり、これも世界一長いのだ──誇れるだろうか？
4）生命の科学で言えば、長寿とはいえ、ヒトの認知症の頻度は85歳で
50%、100歳で100%という現実から目を背ける訳にはいかぬ──ヒトはラ
テン語で「ホモ・サピエンス」、つまり「賢き存在」と名付けられているが、
もし「賢さ」が失われてしまえば、生物学的には「ホモ」の形骸になって
しまう。

福祉における安全管理 #502　2015・6・5

福祉の100年後を展望

人は予言・予想が大好きだ。100年前、報知新聞が「二十世紀の予測 22項目」を発表した。

　　＊報知新聞「二十世紀の予測」1901（明治34）年1月2日

① ライオン等の野獣はもう滅亡している、

② 7日間で世界一周ができる、

③ 蚊やノミが滅亡する、

④ 遠くの人と会話ができる、

⑤ 写真電話で買い物をする、

⑥ 電気が燃料になる、

⑦ 機関車は大型化し列車が東京〜神戸間を2時間半で走る、

⑧ 人間の身長が180センチ以上になる、

⑨ 動物と会話ができるようになる、

⑩ 犬が人間のお使いをする、

⑪ 台風が1カ月以上前に予測されて、大砲で破壊できるようになる、など。

なんと、その7割が当たった！

その頃の日本の人口は4400万人（今の1/3で、今のスペイン並み）、平均寿命は44歳（今の半分！）、男の平均身長は155cm（今よりマイナス15cm）だった。

さて、そこで私は100年後の福祉を展望してみよう。

（イ）社会背景の改善により、男女とも〝初婚年齢〟は30歳から25歳程度の若さに誘導され、健全な社会構成が確立される。

（ロ）男女とも〝更年期〟が50歳から60歳に延び、50歳以後の出産も珍しくなくなる。これにより〝多々老・少子〟の社会不安が緩和される。

（ハ）「自己摂食の尊厳」が尊ばれた結果、ヨーロッパ社会のように「寝たき

り老人」はなくなる。

（ニ）その結果、国民の平均寿命は86歳からやや短縮するが、高齢者一般の幸福度はむしろ増進される。

（ホ）透析や延命胃瘻などの"高額医療"は"還暦"以後の高齢者には保険適応から外され（イギリス流）、"建て前論の苦痛医療"は一新される。

なんだか現代社会の問題点を取り上げた感じの予想展望になってしまったが、私の予想の7割が当たることを希望する。皆さま方の意見をお聞きしたい。

職員の声

声1　報知新聞の100年前の予想が7割も当たったのは、予想する人・その予想を実現した人、どちらもスゴイことだ。

答：19世紀に発見・発明された自然科学は主に20世紀で実用化されてきた――21世紀でなされることは自然科学よりもむしろ"社会・人文科学"の分野ではなかろうか？

声2　老人介護で現実の100歳の健康状態を観察していれば、"もっと長生きしたい"という意見は現実的ではない。

答："老衰"を延長しても幸せにはならない、"老境"を豊かにする方法を編み出そう。

声3　老人と暮らす仕事をしていると、若い層のスタミナが懐かしく感じられる。

答：今の日本は"老人の幸せ"が強調されるけれど、結婚や子育てなど、"若者の幸せ"あってこその老人でありたい。

声4　「展望：（イ）～（ホ）」が沢山実現されるよう、僕らも頑張る。

答：人へのサービスは人しか出来ない、100年後にも機械や用具のロボット開発を活用して、人が中心になってサービスに従事していることだろう。

福祉における安全管理 #8　2010・9・3

Ⅴ　福祉の100年後を展望

おわりに

　福祉の究極は、人の心に平和と安らぎをもたらすことだと思います。これは福祉だけによって達成されるものではなく、社会活動のすべての事が関係します。先進国では次のような古い諺（ことわざ）があります。これを英語に翻訳して、それぞれの頭文字をとると、「三つのC」が得られます。

　　　Cure sometimes,　時に癒し、
　　　Care frequently,　しばし支え、
　　　Console always.　常に慰む。

　過去に、「キュア」（治療）はドクターの、「ケア」（看護）はナースの、そして「コンソール」（慰める）はワーカーの仕事だと言われましたが、そんなことはありません。寿命の延長は高齢者数の増加に繋がり、さらに認知症の増加、老々・認々介護が日常生活の身近に多くなっています。地域包括ケアで支える環境を作り出さねば、我が国の地域社会は成り立ちません。役割分担に差があるものの、地域のどの人も「三つのC」に関わらねばなりません。

　そこで、"癒すこと"は理想の目標ですが、医学の力では老人の年齢を若返らせることは出来ません。そこで、支えること（ケア）が大切になります。困っている人をみんなが「しばしば」支えます。それすら十分でない場合であっても、「常に」慰め（コンソール）勇気づける優しさを、私どもは誰も心の中に持っていると思います。現在の福祉活動はこの「三つのC」に根ざすものではないでしょうか。

　そして、その中心にあるもの、それは「愛」であると思います。19世紀の思想家でノーベル賞受賞者のアナトール・フランスは著作の中でペルシャ王・ゼミールに対し世界史を一言で要約して次のように述べました。

　　　人は生まれ、
　　　人は苦しみ、
　　　人は死したり。

　社会が未熟で、戦争に明け暮れていた時代には、けだし名言と言えます。し

かし私たちはこれを時代に合うよう、次のように明るく翻訳したいと思います。

　　　　人は　愛のもとで生まれ、

　　　　　　　愛をはぐくみ、

　　　　　　　愛にかこまれて逝く。

　19世紀の半ばに近代医学が芽生え、看護学もいっしょに発達してきましたが、介護の分野での進歩はたかだかまだ20年にも達していません。しかしこれからの介護は個人の問題から社会全体の問題へと発展して行きつつあります。施設介護・在宅介護・地域包括ケア……と時代の変遷の速度が速く進んでいます。みんなで助け合う地域づくりを目標に、きっと21世紀には多職種連携でより納得のいく地域包括ケアの知恵がみられると期待しています。

　この本は、このような理念に基づいて、実際に講話された内容を、職員の教材としてまとめたものの一部を紹介しました。講話を聞いた職員たちは、さまざまな意見を述べ、レポートを提出します。そのレポートの内容をも、「声」として、随時ちりばめてみました。話をした人、聞いた人が一体になり、フィードバックしながら、「安全」を確認し、教養と常識の推進に努めて参りました。

　教材のアイディアは私たちの発案によるものですが、引用した文献や文書も多数あります。それらの出所は文末に記載してありますが、ここに改めて謝辞を申し上げます。読者の皆様方は、きっと私どもに「エール」を送っていただけるものと考えています。

　本書の中に提示した文章や図表はパールの入江祐介施設長、山口カネ子管理部長をはじめ、16人の経営者メンバーなくして成り立ちませんでした。パール職員全員（180人余）の協力により1冊の本になりました。皆さんに心より感謝の気持ちをお伝えします。

　終わりにあたり、元毎日新聞論説委員・淑徳大学名誉教授・社会福祉法人潤沢会理事長・当法人理事坂巻熙先生に助言ならびに励ましをいただきました。遅筆の私たちを辛抱強く待ってくださり、内容の検討から配列・字句の用法ま

235

でいろいろ助言して下さった、ドメス出版の佐久間俊一さん。ご両人に感謝申し上げます。

2019 年 3 月 16 日

新谷冨士雄

新谷　弘子

新谷　冨士雄 （しんたに ふじお）

1933 年　山口県生まれ
1958 年　東京大学医学部卒業
1963 年　東京大学医学部大学院第一臨床医学科卒業、医学博士号取得
　　　　　財団法人 心臓血管研究所内科研究員勤務
1968 年　米国オハイオ州クリーブランド市ケースウエスタンリザーブ大学留学 （〜 70 年）
1970 年　財団法人 心臓血管研究所内科研究員に復職
1976 年　日赤医療センター第一循環器部長 （〜 98 年）、日赤看護短期大学教授
1999 年　社会福祉法人パール常務理事、特別養護老人ホームパール代官山常勤医師
2000 年　渋谷区介護保険認定審査会委員長 （〜 2017 年）
現　在　社会福祉法人パール 特別養護老人ホームパール代官山 診療所所長

著書

　　　『病状から知る成人病』（みすうみ書房）、『心臓はこうして守る』（みすうみ書房）
　　　『心電図のモニター』（南山堂）、『運動負荷テスト・血流テスト』（南山堂）
　　　『ヒトはなぜ病気になるのか』（PHP 研究所）ほか

新谷　弘子 （しんたに ひろこ）

1955 年　日本女子大学社会福祉学科卒業
1955 年　東京都民生局新宿区福祉事務所ケースワーカー （〜 64 年）
1965 年　財団法人 婦選会館出版部 （〜 68 年）
1968 年　米国オハイオ州クリーブランド市にて 3 人の子育て、ボランティア活動を経験（〜 70 年）
1970 年　東京都公立中学校社会科講師
1977 年　社会福祉活動教育研究所設立 所長 （現在会長）
1989 年　横浜国立大学講師 福祉文化論担当 （〜 92 年）
1999 年　社会福祉法人パール パール福祉総合プラザ開設 理事長、介護支援専門員（現在に至る）
　　　　　社会福祉法人パールの組織に社会福祉活動教育研究所を編入
2000 年　特別養護老人ホームパール代官山 施設長 （〜 02 年）
2002 年　在宅介護支援センターパール センター長 （〜 06 年）
2006 年　主任介護支援専門員 （現在に至る）、パール居宅介護支援事業所 管理者 （〜 18 年）
2013 年　渋谷区地域福祉サービス事業者協議会会長 （現在に至る）
2017 年　渋谷区社会福祉協議会評議員 （現在に至る）
2018 年　地域包括支援センターパール センター長 （現在に至る）

著書

　　　著書『中学生高校生のための福祉教育』（全社協選書）
　　　編著『ボランティアの手引きⅠ、Ⅱ、Ⅲ、Ⅳ』（ドメス出版）
　　　編著『生活の中のボランティア活動』（全社協出版部）
　　　共著『福祉教育の理解と展開』（光成館）、共著『家庭の健康管理と福祉』（開隆堂出版）
　　　共著『実践家庭科教育体系 4』（開隆堂出版）、共著『高齢化社会を生きる』（大学婦人協会）
　　　他論文等多数

認知症 なぜ？ なぜならば
　親のため 自分のために 介護の現場から

2019 年 4 月 7 日　第 1 刷発行
定価：本体 1600 円＋税

著　者　新谷冨士雄・新谷弘子
発行所　社会福祉法人パール 社会福祉活動教育研究所
　　　　東京都渋谷区鉢山町 3-27
　　　　電話　03-5458-4811
　　　　FAX　03-5458-4817
　　　　E-mail:pearl@isis.ocn.ne.jp
　　　　http://www.shibuya-pearl.or.jp

発売元　株式会社 ドメス出版
　　　　東京都文京区白山 3-2-4
　　　　振替　0180-2-48766
　　　　電話　03-3811-5615
　　　　FAX　03-3811-5635
　　　　http://www.domesu.co.jp

印刷・製本　株式会社 太平印刷社

Ⓒ Fujio Shintani・Hiroko Shintani 2019 Printed in Japan
落丁・乱丁の場合はおとりかえいたします
ISBN 978-4-8107-0844-8　C0036